后浪出版公司

年龄只是数字

AGE IS JUST A NUMBER

[英]查尔斯·尤格斯特 著
Charles Eugster

郭在宁 译

江西人民出版社

免责声明

如果您有任何疾病或以前不习惯锻炼，那么在开始本书中的任何运动项目或更改您的运动方式之前，请与医生或其他健康专家做好商量和讨论。本书中的信息不是要取代或反对医生或其他健康专家提供给您的建议。作者和出版社不对任何使用本书资料的人承担任何直接或间接责任。

目 录

中文版序　1
前　言　开跑时刻　3

第一部分　我的童年 …………………………………… 1

1　一个常常头痛的瘦弱男孩　3
2　水上时光　10
3　下巴尖　17
4　奥斯坦德的赛艇比赛　25
5　为共同利益做出的牺牲　34
6　白金、黄金……和美元　41
7　一块猪油　48
8　季　夏　54
9　游戏结束　61

第二部分　第二人生 …………………………………… 71

10　新的开始　73
11　更强壮的身体！　85
12　我自己的比赛　92

13　越过终点线　100

第三部分　你的生活 …………………………………… 107

　　14　重新审视镜中的自己　109
　　15　为了生活工作　133
　　16　为了生活摄取营养　136
　　17　为了生活运动　142
　　18　未来是光明的　169
　　19　我们的未来就在现在……　173

　　获奖情况　175
　　致　　谢　177
　　出版后记　179

中文版序

很荣幸也很自豪看到我的这部作品被翻译成中文。

我十分欣赏中国的文化、传统,以及其惊人的发展。本书中的很多观点与中国的哲学思想不谋而合,比如工作、学习、营养和运动的重要性。

在我看来,无论处在哪种年龄段,如果我们不能对社会有所贡献,就无法与其和谐共处。

由于中国菜在世界上数一数二,所以西方饮食在中国并不那么受欢迎,但一定要记住,像我们这些上了年纪的人需要更多的蛋白质,比如鱼类、肉类、鸡蛋等。

提到推荐的运动,就不得不说到一种适用于老年人的中国传统运动——太极拳。它的运动方式对人体平衡、协调和呼吸都至关重要,虽然在本书中没有提及,却万万不能被忽略。

到了垂暮之年,我希望我们受到尊重不是因为年龄、智慧,甚至是硬朗的身体,而是因为对社会的宝贵贡献。

一位中国先哲曾经说过:"我们都有两次生命,第二次生命开始于我们意识到自己只能活一次的时候。"

让你的第二次生命成为一生中最好的岁月吧!

查尔斯·尤格斯特

前　言

开跑时刻

在短跑比赛开始前的最后时刻，我根本无法真正静下心来。站在起跑线上，我盯着脚下的起跑器和前方 200 米的环形跑道，耳边充斥着放大了无数倍的咳嗽声和低语声，还有我剧烈的心跳声。就在这时，发令员深吸了一口气，开始进行赛前的启动流程。这一刻，我觉得胸腔里心脏快速跳动的声音大到几乎每个人都能听到。

"各就位……"

我的肾上腺素在疯狂飙升。我非常不适应当下的环境，仿佛被一个陌生人占据了自己的身体。第一次参加室内田径赛，居然还是英国老将田径锦标赛，这让我倍感压力。毫不避讳地说，我完全是个业余选手。其他参赛者都穿着整洁轻便的钉鞋，可我脚上却是一双破旧的跑鞋。除了一些自学的技巧，我对这项运动几乎一无所知。但是，我决心已定，怀揣着饱满的热情，渴望能够获胜。

"预备……"

我站上起跑线，一只脚在前，另一只脚在后，但愿看上去能是一副"我知道自己在干什么"的样子。然后便等待着发令枪响。这一刻，我的世界里没有空旷的赛场、座无虚席的看台，只剩下自己。我最担心的是那几个倾斜弯道。赛前，我有一次体验跑道的机会。人工赛道让我觉得很不舒服，最令我感到吃惊的，是每个弯道还存在着一定的坡度！我对如何在这种情况下保持全速毫无头绪，能做的只有祈祷自己不要被绊倒。每一次呼吸都像是最后一次，我意识到，此时此刻自己已经完全被命运掌控。

发令枪声改变了一切。踏上赛道的那一瞬间，我感觉自己从一只小羊羔化身为雄狮又变成瞪羚。手和腿在摆动，我用尽浑身力气加速、奔跑、不断发力，加速向前冲，但愿眼镜不要掉下来。

但这并不足以超越两位在外道的竞赛者，他们毫不费力地跑在我前面。不过我也不是在和他们比赛，他们是其他年龄组的。即便如此，跑道上只有我们三个在奔跑，这已经足以说明问题。

大多数人一旦过了 50 岁，就会觉得自己在走下坡路了。但事实上，那两个家伙都是 85~89 岁年龄组的。而我以 96 岁的高龄，成为 95 岁以上年龄组的唯一成员，真的是在孤军奋战啊。

在我眼中，倾斜弯道已变得十分模糊。我尽量抬高下巴，但才刚跑了 30 米，双腿就开始不听使唤了。我的大脑接收到了这一信号，并立刻将其翻译为失败。**起跑的速度太快了，我想，还没开始我就没力气了。** 当我成功地跑过倾斜弯道，进入第一条直道的时候，我应该感到很轻松。但事实正相反，突然之间我感到跑道好像没有尽头。那两位年轻点的选手已经到达第二个弯道了，我不禁感到落后和孤独。我的心"砰砰"直跳，几乎就要跳出来。我突然有一种冲动，想减慢速度步行前进，雄心壮志也随着速度的下降而消散。能在这里参加比赛已经很不容易，我之前已经竭力做好各种准备，但是现在，每一次呼吸都让我觉得之前准备得太少也太迟了。

然后，我的注意力被另一些东西吸引了。之前没有注意到，发令枪响之后，人群活跃起来。而现在，在一片掌声、欢呼声和呐喊声中，我听到了一个名字——对，就是我的名字。

"跑起来，尤格斯特！你能行的！加油，查尔斯，加油！"

我意识到，如果双腿已经没有力气，那么我应该寻找精神上的力量。这是我仅剩的力量。继续跑下去情况可能会更糟，毕竟我不是瞪羚，而是个已经耄耋之年的老头。可是观众们的欢呼声此起彼伏，我能感受到他们的善意传递到了我的身上。

我告诉自己，要尽可能在最短的时间内通过终点线，即使这对我来说实在是很困难……

现在，你很可能会认为，这种运动的风险在于我的高龄。让我觉得荒谬的是，自己的比赛视频在网络上的播放量达到了100万次，仅仅是因为我虽然年纪大，但还可以参加运动赛事。在我看来，人们对年龄的概念还存在误解。我并不是一个特例，只是充分利用了自己还拥有的东西，并打算分享我在这一生中所学到的一切，好让大家能够跟随着我的脚步——甚至超越我！

我得说明一下，这不是一本关于跑步的书。跑步只是我最近用来享受生活的几个爱好之一。步入晚年，我们常常会忘记庆祝生活，坦白地说，这是一种耻辱和浪费。所以在某种意义上，这本书关乎着你和你的未来。即使你感到自己已日薄西山，但请让我来告诉你，如何在众多未知与迷茫的际遇之中充满期待地生活。

当然，在现代社会，我们默认适合老年人的那些锻炼项目比较舒缓，少有刺激，而你越是这么想，现实情况就越是如此。这里所说的老年是以衰弱定义的老年。一般来说，我这般年纪的老年人的一天可能是这样度过的：早上，负责照顾的人拉开窗帘，大声对你讲话，语调轻快，用词简单。他们会扶你坐起来，看着你走进浴室洗漱，然后喂你吃早饭，之后把你安顿在公共休息室里一处阳光明媚的地方晒太阳。大家都不怎么说话。和你一起住在养老院的人们似乎生活在自己的记忆中。当然，你总是可以期待一下午饭的，只是要等到饭菜捣碎成糊状，吃起来不费力才行。下午会有探访的时间。幸运的话，某位亲属可能会来拜访你，但是他们都很忙，不会待太久。之后，再吃一顿清淡的晚餐，然后上床睡觉。这样的生活会日复一日地进行下去，直到最终生命结束。

我相信你一定会赞同，这并不是一个美好的生活场景，然而除了按照这种糟糕的、令人沮丧的既定方式生活，我们似乎别无选择。

在本书中，我会以亲身经历来证明，生活还有其他的可能。我会为大家说明如何让余生成为你最好的岁月。

接下来的内容既能给你鼓励，也能让你感到快乐，并最终鼓舞你向着更好的方向做出改变。如果你已经准备好迎接挑战，那么我保证你会得到巨大的收获。通过循序渐进的努力付出和对生活中关键方面的回顾，你会发现在以为自己只能走下坡路的时候，身体状态已经有所改善。也许更重要的是，会发现在尝试每天充实地生活之后，你的自我感觉也越来越好了。

作为一个近百岁的人，我觉得在老年人的世界里，60多岁的人只是青少年。我们从过往的经验中得知，青春期是探索事物边界的时期，是寻找自我价值的时期。在我看来，步入晚年之后，我们又经历了一次这样的时期。唯一的不同在于，此时我们更加成熟、自信和理智，能够做出明智的决定。根据我自己的经验，人是拥有让自己变得更好的潜力的，且其强大到令人震惊。可以将其总结为三个简单的问题：

- 你认为人有可能在变老的同时却没有任何疾病（甚至是感冒）或伤残吗？
- 在同龄人已经退休的时候，再重新接受训练或教育，去寻找一份高薪职业甚至去经营一份成功的生意，是否为时已晚？
- 你能否想象出自己在90多岁的时候，还能有良好的体魄去参加国际体育竞赛，甚至拥有值得夸耀的健美身材？

这些只是对未来的幻想吗？

不，这样的未来就是现实，我就是活生生的例子。我的身体很健康，渴望并且能够接受新的挑战。我不服用药物，积极把握工作和运动中的一切机会。与过去相比，我对周围的世界有更为强烈的参与感。然而，我也并非一直拥有这么好的状态。我没有独特的基因，也没有终生追求作为一个纯粹主义者而存在。事实上，在我的一生中，有一些事本可能会导致我英年早逝。简而言之，我只是一个拒绝衰老的老男孩。曾经一度，我本以为老年生活会很恐怖，但自己真正去面对时，我选择了重塑自我。而现在，我在这里为你照亮前行的路。

  应该说，一路走来，我犯过很多错误。而每一次，我也都下定决心找回自我，从错误中汲取教训，这正是让我们每一个人成长得更聪明、更全面的最可靠方式。在许多方面，我都能自豪地列举出那些不顺利的时刻。这些都是我生命之旅的一部分，正是这些经历使我成为现在的自己，让我有机会分享自己的故事和建议，来帮助大家以最好的状态度过晚年。接下来，请同我一起沉湎于改变所带来的奇迹和快乐，当然，还有老年生活特有的荣耀。

第一部分

我的童年

1

一个常常头痛的瘦弱男孩

  幼年时母亲喂我吃了过多的食物。但我觉得,她这样做恰恰是救了我的命。在我很小很小,甚至还不会走路和说话的时候,就得过一系列使我虚弱的疾病。从猩红热到百日咳、腮腺炎、水痘、麻疹、扁桃体炎和风疹,我几乎都得过一遍。如果没有那些额外的脂肪储备在我极度虚弱的时候保暖,我肯定活不下来。与今天的我相比,我几乎认不出那个发热的小男孩。虽然童年时期经历的那些疾病几乎让我夭折,现在的我却几乎连感冒都不会有。

  1919年的夏天我在伦敦出生。当时整个国家刚刚摆脱第一次世界大战的阴影。母亲很可能是在前一年停战期间的欢乐日子里怀上我的。我的父亲卡尔(Carl)年轻时是一名著名的足球运动员,来自一个靠纺织品生意发家的瑞士家庭。正是我的祖母促使父亲定居伦敦。1875年她独自一人被派遣到伦敦时还是个年轻的姑娘，住在时尚的荷兰公园（Holland Park）街道，花了一年时间参加舞会，进入上流社会。

父亲在可可产业刚刚兴起的时候到达西非，但这份事业却因第一次世界大战的爆发而崩溃。年近四十、还清债务的他决心改变，到英国开始新的生活。他当时选择了我们现在所说的"提前退休"，而陪伴着他的是一位无比美丽的带有波兰血统的瑞士女士——约瑟法·安东尼娅（Josepha Antonia），也就是他的妻子、我的母亲。这之后他对赌马产生了兴趣，投入精力，不过他从不鲁莽下注。他对马的体型和跑道进行科学的分析，每次只投注很少的钱，而且总能有所收获。讽刺的是，作为一名赌徒，他却喜欢把风险最小化。我很佩服他的控制力。

他常常一边抽着香烟，一边说："如果我再多赌一点，结果就说不准了。"

表面上看，我的父母似乎过着田园般的生活，但是一件悲剧的发生改变了一切。在我出生前的某一年，他们的第一个儿子夭折了。这不可避免地影响了他们抚养我的方式。我得到了伟大的爱，但是他们也把我看得过于脆弱，对我非常溺爱，在饮食方面尤其如此！

在两顿饭之间的时间里，照顾我的保姆会把我放进当时非常受欢迎的高高的婴儿车里，推着我四处转。婴儿车还有黄色条纹的丝绸遮阳篷。我们去肯辛顿花园——那些穿着可爱的制服，系着硬质宽腰带，帽子上垂下长长丝带的保姆们喜欢光顾的地方。保姆的存在常常会吸引宫殿卫兵的注意。他们穿着红色制服，趾高气扬地拿着手杖的形象令人印象深刻,而且他们常常成对出现,跟年轻的保姆们近乎粗鲁地调情。在婴儿好奇的目光中,年轻姑娘们常常开怀大笑,喋喋不休,而卫兵们会以最快速度离开阅兵场。我对那段美好的日子记忆犹新。虽然当时我可能还不会说话,但这却使我学会了欣赏漂亮的女士。

童年时期,我的衣服都是母亲一针一线缝制的。她的针线活儿很棒,且富有创造力。配合水手服,她给我穿了及膝的皮质长筒靴,上面有一长串球形纽扣。她甚至给我剪了童花头。我一直觉得这种对外表的关注形成了我虚荣心的基础。在此后的生活中,我对外表的关注成为一种积极的力量,激励我尽可能保持最佳的身体状态。不过在当时我很讨厌母亲给我做的发型,因为那让我看上去像个小女孩。

我们住的公寓很大,一共有四间屋子。浴室里的自来水冷热兼具,这在当时可是一种奢侈的享受。地上铺着的是油布地毯,屋子里有两个煤炭炉,还有一个燃气灶(看起来像一只奇怪的四腿昆虫)。我住得很好,吃得也很好,认为我的父母简直棒极了。但经常发作的疾病夺走了我童年生活的光彩。当我回想为何自己的免疫系统会如此脆弱时,确实怀疑过父亲严重的烟瘾是否是导致我身体不好的原因之一。在我小时候,他们还没有放弃再生一个孩子,曾经尝试过再要一个孩子,但母亲流产了。这使我甚至怀疑那个孩子的早夭和母亲的流产也与父亲吸烟有关。通过一些努力,父亲能够等到午饭后再抽每天的第一根烟。之后,他会用上一根烟蒂点燃下一根,并如此连续不断地过完一天,就好像香烟是他赖以生存的氧气一样。他会买很多烟,手指已经被尼古丁染上了颜色，待在弥漫着刺激性气体的房间里。我们并不知道这是个如此有害的习惯，吸烟不仅有损于父亲的健康，二手烟也伤害了他所爱的人的身体健康，尽管他从来没有想过要伤害任何人。父亲是我认识的最善良的人，在我心中，只有母亲可以和他共享此殊荣，我非常爱他们。

慢慢地，童年过去了，我生病和感染的次数越来越少。我只能认为，和病魔的斗争让我获得了免疫力。即使如此，长期以来我还是有严重的偏头痛。这时不时地给我的生活带来痛苦。哪怕能有半天不头痛，对我来说就是天堂般的日子了。而且肯定地说，这样的经历阻碍了我的成长。我从一个矮胖的婴儿成长为一个常常头痛的瘦弱男孩。我最好的朋友，从前经常看上去比我小很多，突然就长高了很多并且远远地超过了我。我急切地希望身体能好起来，就像其他人一样。也就是从那时候起，我开始思考，如果开始进行一项运动，会不会对我的身体有所帮助。

父母意识到了我对健康和活力的渴望，于是把我送到了福禄培尔教育学院（Froebel Educational Institute）接受早教。这是一个坐落在伦敦西部的独特的小学校，鼓励孩子们成为独立的个体，遵循的教学理念来自于该学院的创始人——德国教育家、幼儿园的创始人弗里德里希·福禄培尔（Friedrich Froebel）。父母第一次建议我去福禄培尔教育学院上学时，距离五岁时开始的义务教育还有半年时间。我听到这个消息后惊慌失措，于是父母很快就放弃了这个想法。作为家里的独生子，我很快就认识到了反抗和拒绝产生的影响。上学后，我的表现证明了自己的选择是错误的。因为我发现，那些上过半年学的同学要比我优秀，他们明显表现得更好，比如能够准确说出墙上钟表的时间。自然地，我埋怨父母允许我反对他们起初的建议。

除了体育活动，学校也鼓励音乐活动。这也是我的父母非常希望我去追求的东西。然而，我在班上和一个男孩成了朋友，他说音乐课"简直是地狱"，从而扼断了我追求音乐的道路。我接受了他的意见，尽最大可能不去接触任何一种乐器，而这一直是我的一个遗憾。为什么？因为我相信音乐在我们的一生中都对大脑大有裨益。我甚至相信音乐可以提高数学能力，甚至可以改善情绪，但在当时，这些都没能说服我。我只是一个有偏头痛的小男孩，希望充满活力的生活能够帮助自己摆脱这个病痛。因此在当时，音乐对我来说什么也不是，也不会让我感到遗憾。

学院的指导原则之一是将手、脑与心相结合。在那个教育只是死记硬背、通过体罚推动的时代，这种教学理念为孩子们带来了独特的快乐、参与感和充满创造力的环境。除了语言和科学等传统科目，我们还有陶艺课、五月柱舞蹈[①]课、戏剧表演课、园艺课、纺织课、针织课、板球课、足球课、莫里斯舞蹈课和体操课。在体操课上，女教师总是穿着黑色百褶裙，在开始上课之前一定会喝一杯温水。当谈论初级教育时，有件事现在听起来可能让人震惊，那就是当时老师鼓励我们戴上拳击手套，站上拳击场。在当时这叫"自卫的贵族艺术"，如果一个小男孩知道如何在对战中以绅士的规矩保护自己，那么他会大有前途。拳击手套特别重，只是挥动一下拳头就已经令人精疲力竭了，但是我很喜欢这项运

---

① 五月柱舞蹈（maypole dance），欧洲民俗舞蹈的一种。

动。虽然健康状况并没有得到改善,而且拳击还加重了我的头痛,但这对我来说是一个机会,让我发泄了因健康状况不佳而产生的沮丧。

我在学校的时间就要结束了,老师让我们打扮成骑士和女郎,进行一天的历史主题游戏。快要结束时,我们被允许两两结成一对跳舞。除了有些虚弱,我在面对异性时还会很害羞。这意味着会错过接触任何有魅力的女孩的机会。我只是等待着,直到那些更勇敢的男孩们都做出选择后,留下我面对一个内向的爱尔兰女孩,她提醒我煮粥时要在水里加盐。毫无疑问,她对我的看法和我对她相似,但作为她的骑士,我们在舞会上作伴,相互忍耐,彼此很少交谈。离开学校后,我再也没有见过她,但总是谈起自己和伟大的小说家艾丽斯·默多克(Iris Murdoch)在早年间的短暂相遇,我非常欣赏她的作品。

总的来说,我喜欢在这所非传统的学校学习。它在许多方面拓宽了我的视野,只是大量的体育活动使我继续被头痛困扰。头痛总是让我分心,以至于我的报告总是以这句话开头:我可以做得更好。可以坦率地承认,在那段时间里,我只是做好了需要做的事,起码达到可接受的水平。我相信自己还可以付出更多的努力,但偏头痛不配合。疼痛上升到了让我怀疑自己可能要在痛苦中度过一生的程度。它折磨着我,也许成了我在迈向青春期的过程中出现健康状况恶化的铺垫。

然而,情况并没有如我想象那般恶化下去。

十三岁时,我的健康状况又一次恶化,被诊断出严重的扁桃体炎。根据诊断,我应该在一家慈善机构的医院里摘除扁桃体。

那里的护士们都对上帝心存敬畏，拥有基督徒那种以自己微不足道的生命来帮助患者的奉献精神。志愿者的职责是对患者进行麻醉，并确保患者一切顺利。他们给我进行麻醉的时候并没有什么问题。只是模糊地记得，手术进行时我曾在手术台上挣扎，当时是处于镇静的状态下，并非全然失去知觉。

尽管经历并不愉快，但这次手术还是让我的生活发生了巨大的变化，这让大家都很惊讶。扁桃体被摘除后，我的头痛竟然好了。在童年结束之后，我所经受的被偏头痛阴影笼罩的这种折磨也完全消失了。我不仅感觉上好多了，身体似乎也迅速转好，并且最终能够赶上同龄人。要知道，我从来没有达到过同年龄段孩子的平均体型和身高，但我所经历的突如其来的身体变化成了某种启示。我带着从来没有经历过的满到要溢出来的活力和信心，朝着活泼的方向发展而去。也许是因为学过拳击，我甚至会挑起事端。

那时在年轻的我看来，终于摆脱了疾病和感染的"暴政"下的自己，变成了一个有潜在危险的人。

2

水上时光

为了保护他们唯一的孩子，当我在场的时候，父母会用瑞士德语讨论那些艰难的、私密的或具有挑战性的话题。出于好奇，在他们毫无察觉的情况下，我渐渐学会了这门语言，直到能够听懂他们说的每一个字。有时，我必须不动声色地听着他们的私密对话，而且我对他们的了解也超出他们的想象。

例如，母亲的流产发生在她跟国外亲人的相处时。据我所知，这件事与母亲和她的姊妹的争论有关，有可能导致她从楼梯上摔下来。我不知道她是被推倒的还是自己摔下来的，但这件事严重影响了她的健康。当时她用吗啡来缓解疼痛，但很快就开始依赖药物，而且几乎变了一个人。父亲尽最大的努力去照顾她，但生活再也没有回到我幼年时那般无忧无虑的状态。虽然家庭生活一片灰暗，但与此同时，我却找到了为生活打开另一扇窗的机会。

圣保罗学校（St Paul's School）就坐落在哈默史密斯[①]（Hammer-smith）的街旁，是一个和福禄培尔教育学院完全不同的世界。无论从哪个方面来说，这里都要更大，充满着年龄更大的男孩，而且管理学生的工具是藤条。经历过疾病缠身的童年后，我渴望他人注意到我的存在。而我提高存在感的方式就是一心想打架，这个方法在一个比我大的男孩抓住我的头，威胁要拿我的脸撞墙之后被紧急叫停。之后我滑稽的丑态就在班里传开了，我也由此得到了重要的教训。

1934—1938年，我一直在圣保罗学校就读，这期间我遭受过三次体罚。我觉得自己都可以作为体罚问题的专家发言了。我没有受到不公正的责罚。事实上，在那三次事件中，我的行为非常可恶，所受的惩罚也是应得的。

前两次的体罚是按照正常的程序来的。严重扰乱了课堂秩序后，我被要求在课后留下来。男老师严肃地要求我到保持得像是某种宗教工艺品似的门房那里，从门房管理员那儿拿来藤条。我走下楼，来到位于主入口右侧的门房。应要求，门房管理员把藤条递给我，并亲切地祝我好运。

上楼的时候我的心开始怦怦直跳。这时，班上的其他同学意识到将要发生什么了，于是都聚集在教室门外。其他爱凑热闹的男生也加入其中。我穿过人群，进入教室，男老师正在等着我。他让我关上门。

---

① 位于英国伦敦。

教室外面，有些男孩在通过钥匙孔偷看，其他人则把耳朵贴在门上偷听。教室里面，老师拿过藤条，要求我趴在桌上，把夹克围在腰上，以免造成干扰。

圣保罗学校选择老师不仅会看重其作为教师和体育教练的能力，还要求老师掌握使用藤条的技能。一名优秀的体罚者能够在被体罚者的臀部留下尽可能密集的平行印记。幸亏我运气好，没有遇到那个外号叫"粉笔"的老师：他会用粉笔在被体罚者的臀部画一条线，这样印记就能更密集了。大家都认为这非常不公平，我觉得这种做法就是作弊。

老师没有再说任何话，用他最大的力气打了我两下。体罚最多可以打六下。据我所知，在我在校期间就有一两个男孩挨过四下，但没有人受过六下。我不想因为疼痛而抽泣甚至是喘息而让老师感觉愉悦，于是强忍着不出一点声音。体罚结束后，他要求我站直，然后把藤条递给我，让我送回门房。对我来说，最大的考验是打开门，穿过围观的男孩们。

大家仔细观察着我脸上的表情。潮湿的眼睛或细微的痛苦表情都会让我沦为大家的笑柄。我的步伐轻快，脸上带着自信的笑容，好像我得到的是一份荣耀的奖赏而不是一次严厉的体罚，希望得到大家的尊重和敬畏。我必须在面对痛苦时表现出完全的自我控制，这真的很难。但我敢说，这样的经历为我日后改变生活所需要的决心奠定了基础。

那天晚上，我在镜子前转过身，检查白嫩的屁股上发亮的、蚯蚓一般的红色鞭痕。鞭痕是平行的，但间隔大约3厘米。这让我有机会彻底鄙视老师缺乏准确性的鞭打手法。此后的三天我都不方便坐下，但在心里，我觉得自己完成了一个仪式，而荣誉仍完好无损。

经过这个小插曲之后，我和老师的关系有了极大的改善。他对我不再那么严厉，我也不在课堂上捣乱了。第二次体罚我的是另一个老师，这次我也是罪有应得，因为在他想要讲课的时候，我试图把大家的注意力都集中在我的身上。这一次，我屁股上的鞭痕还是很宽，体罚我的老师就像业余选手，于是我还在继续捣乱。

第三次体罚与前两次完全不同，而且相当特别。那是一位我们之前从来没见过的代课老师。我们被安排在另一间教室里，一下子点燃了我们的热情。我们班不服管的名声让这位没有经验的老师非常紧张。事实上，为了冷静下来并向我们展示他的权威，他已经带来了藤条，放在桌子上好让我们都能看见。尽管如此，他迟疑的举止和藤条的出现，让我们明白他绝对不能完全控制住课堂秩序。简直是一个可以放肆捣乱的天赐良机。

当然，对他来说，我们就像是一场噩梦，我本人也无情地捉弄他来取乐。最终，他失去了耐心。这次他没有提出警告，而是一瞬间失去了控制——他吸了口气，愤怒地铁青着脸，两只眼恶狠狠地盯着我。

"尤格斯特！"他厉声道，"立刻给我过来！"

我从桌子后站起来，他还在瞪着我。那时我认为自己已经是藤条下的老手了。而我知道一次真正有效的体罚需要体罚者保持沉着冷静。尽管我已经被体罚过两次，但我觉得没有一次对我是真正有效的。看着这个被我气得火冒三丈的老师，我怀疑他是否能精确地实施体罚。

　　气得发抖的代课老师没有让其他男孩离开，抓紧了藤条，命令我弯下腰。然后他用尽全力打了我很多下。当然很疼，但满足感抵消了疼痛，因为他的举动没有经过任何思考，只是失去控制而已，也许分担走了他一部分体罚我的力气，即使是在当时，对技巧的理解仍然是我在生活中也很看重的东西。就在我以为他可能会继续草率地鞭打我时，他突然停住了，气喘吁吁，几乎站不住。虽然鞭打造成了极度的疼痛，但作为回应，我还是转过身，扬起下巴，朝他微笑。这一回合赢的人是我。

　　虽然体罚让我们逐渐养成纪律，也让发热的脑袋能够冷静下来，但并没有对我产生如同体育运动一般的效果。在圣保罗学校，我发现了许多保持活力的方法。与此同时，我找到了一个自己可以终生追求的爱好。

　　学校靠近泰晤士河，于是赛艇运动自然而然地成了重点项目。作为男孩，加入赛艇队对我来说具有不可抗拒的吸引力。在课堂上，我是出了名的捣蛋鬼，而且学习成绩平平。事实上，有位老师曾说过，如果把我的大脑放进一只麻雀的头盖骨里，那它就只会叽叽喳喳叫！

　　我暗下决定，如果自己的手不适合拿笔，那就去拿船桨吧。

　　我开始在需要八名桨手的船上练习划桨。我们的队伍共有四对船员，我位于船的尾端。我几乎立刻在水上找到了平静感以及与大自然的联系，这是之前从未感受过的。训练在很早的清晨开始，船只跟着节拍优雅地掀开晨雾的面纱，我看到水上各种各样的野生动物。如果还在床上睡觉的话，这样的美景可就要被错过了。这是一种荣耀和喜悦，但直到成为船上第二排的船员时，我才真正明白为什么赛艇对我如此重要。

无论先前的体罚和之后在水上学到的，我认为技术是达到效果的关键。船员被要求动作必须完全保持一致，这样才能达到速度最快、效率最高。每个成员的动作都必须与其他成员完全一致，即使是最轻微的分心都可能破坏整个练习。实践是关键，在比赛前更是如此。

有一次，我们在一个业余比赛中对阵来自泰晤士河航海俱乐部的成年组。我不知道是谁想出让男孩和成年男人对赛，但我们决心全力以赴。将要面对的情况很严峻，所以我们认为获胜的关键在于让舵手根据比赛情况决定应该在什么时候开始冲刺。

但是出现了一个问题——舵手失声了。比赛的时候他得了重感冒，我们几乎听不见他的声音。所以，在划行中发口令的任务就落在了一位桨手的身上。

比赛刚开始的时候，我们按照计划出发。成年组的对手轻松地前进着。我们所能做的只是控制住与他们的距离，保持稳定的节奏，然后等待冲刺的信号。

但是信号一直没有出现。

不知道那位被指定的男孩是在等待时机，还是忘记了，反正他根本没有发出信号。那时，情况变得非常糟糕。对手遥遥领先在前，而我们则进入了一大片两侧被茂盛植物覆盖的水域。船桨拍打水面的声音越来越激烈，如果我们不在随后的几秒内发力，就永远也追不上他们了。

这仿佛是一个被本能激发出的想法，队伍中的每一名桨手在

第一部分　我的童年　15

那一刻心有灵犀。我深吸了一口气,不能再等下去了,其他所有队员也和我一样,包括那名接任舵手任务的桨手,我们一起大喊:"就是现在!"

同时,我们使出了自己全部的力气。不仅如此,八个年轻人用自己最大的声音喊着口号,声音震耳欲聋,有些对手甚至停止了划行。他们的船上出现混乱,整齐的节奏也被打乱了。

就在我们经过那片茂盛的植物并冲出那段河道的时候,观众惊讶地发现,领先的是我们这队年轻人。我们以胜利者的姿态越过终点线,而对手们则满脸羞愧地跟在后面。他们很快就离开了,这件事给我的教训毫无疑问就是,对于任何团队运动的队员来说,最关键的就是集中。你不再是你自己,而是整个团体的一部分。我无法解释为何我们都知道应该在那一刻开始加速,但我们都把团队看作一个整体。从某种意义上说,这是一个令人羞愧的,但同时也是充满喜悦的教训。我们打败了一支成年男子的队伍,而他们羞于承认自己是被叫喊声打败的。我们都不想说出在水面上发生了什么,于是这成了团队之间的秘密。在学校里,我们被视为英雄,这是一件激动人心的事,也是一种荣誉。然而,虽然这件事对我的影响贯穿了此后的漫长岁月,但我却并不满足于余生只拥有此一荣誉。

3

下巴尖 ①

1938 年，霍华德·休斯（Howard Hughes）用 3 天零 19 小时完成了环球飞行，伊丽莎白皇后号邮轮（RMS Queen Elizabeth）首次试水航行，希特勒进军奥地利。

空气里弥漫着绥靖的气息，但事实上，伦敦的生活一如往常。没有人预料到，将要到来的风暴会如此猛烈，如此具有破坏性。像其他人一样，我的父亲看到了德国领袖既疯狂又激昂的演说影像片段。虽然大部分内容让人困惑不解，但父亲有着更清醒的看法。主要是因为他还把短波收音机调到了一个瑞士电台，这让他足不出户就能够了解到当地的新闻和政治见解。在瑞士，邻国奥

---

① 原文为"The Button"，美国俚语，拳击用语，（尤指作为拳击目标的）颏尖，下巴尖。

地利的局势激起了更大的惊慌。父亲密切关注的每一个广播节目都反映了这一点。当他和我们分享他对世界和平的担忧的时候，我的注意力正集中在青春期激素带来的激情至上的事物上。

在学校走廊寻衅打架的行为没有持续多久，但我仍然渴望用拳头说话。我甚至怀疑自己是否患有某种攻击性疾病。好在运动已经成为一个发泄渠道，让我得到了一些认可和尊重，并弥补了学习能力的不足，甚至让我能为学校增光添彩。由于赛艇运动没有任何形式的身体接触，对我来说拳击变得越来越重要。早年在福禄培尔教育学院已经学习了拳击，我发现拳击场提供了一个熟悉的、能够满足我挥舞拳头这一需要的场所。

在圣保罗学校担任拳击手是一个伟大的荣誉。我曾在《每日镜报》（*Daily Mirror*）中读到一篇文章，文章报导了一起谋杀案，一个年轻男人被一个我们学校从前的学生杀害了。故事讲述了两人如何在夜总会外因争抢一辆出租车而发生争执。老保林（OldPauline，现在仍在使用的对校友的称呼）打了对方一拳。被害者的头撞到了路缘石，当场死亡，而老保林则因为谋杀被控告。这件事虽然是个悲剧，但我不可避免地注意到，这名被告曾经是我们学校最强的拳击队员之一。

教我打拳击的是贝格利(Begley)先生，他是前帝国拳击冠军，因常年被猛烈撞击而形成了菜花耳。担任助手的是军队教官德里斯科尔（Driscoll）先生和他的父亲——一名年过七十擅长运动的老兵。在这三人的指导下，我学会了有力地引导力量。

根据能力，我常常对抗重量级比我高的对手。在这件事上我可以自主选择，但总是迎接挑战。为什么？因为我觉得被同等水平的对手轻松打败让很难以接受。只要在比赛开始前胜算不大，我就不介意输掉比赛。而且这样一来，获胜就变得更有意义了。

在训练中，贝格利先生和两名助教让我知道了下巴尖的重要性。这是一个拳击术语，用来形容靠近下巴尖端处一个1英镑硬币大小的区域。用力击中这个点，他们是这么说的，就一定能让对手瞬间失去意识而被击倒在地。这对我来说是一个诱人的技巧，但很难实现，因为优秀的拳击手不仅会保持自己的下巴靠近胸部，而且还会不停地迂回摇摆。

我是一名既坚强又坚定的拳击手，并且很快就品尝到了胜利的滋味。我也有过仅一回合就让防护罩掉下来的羞耻经历，并从那次经历中学到了令人深省的一课。当时我正在伊斯特（Eastbourne）的校际比赛场上打拳击。对手是他们最厉害的拳击队队长，而我只是一名候补的竞争者。让我和那些特意赶来观战的人直呼过瘾的是，我在第一回合就打出了漂亮的一拳，把对手打得头晕眼花。但是之后，我忘记了一条贝格利教的重要建议，我后退了，并让对手有机会整理思绪。作为回应，或许作为回礼，他一拳打在我脸上，我的脸立刻肿起来，输掉了这一回合。

我的眼睛肿成一条缝，鼻子也被打烂了，嘴唇肿胀开裂。在这之前从没遇到过这样的情况。一切都被毁了。那天夜里在回家的路上，我一直心惊胆战，害怕父亲会看到，然后禁止我打拳击。幸运的是，当我蹑手蹑脚地进屋的时候，他已经睡着了，而脸上的肿胀经过一夜后消下去很多，吃早饭的时候部分已经恢复正常了。这样就又能多打一天拳击了，而且我下定决心，鉴于这次的教训，再回到拳击场的时候我要变得更强大。

下一场比赛中,当我对阵更强壮的对手时,在第二回合开始就取得了优势。这一次,我没有后退给他恢复的机会,而是抓住时机,直接对准他的下巴尖,将他打趴在地上。

而我第二次一击击倒对手发生在一个不那么光荣的情况下。当时穿着的也不是拳击背心和手套,而是童子军制服。我们去了伦敦,和另一支当地的童子军团参加了晚间练习,聚集在他们附近的教堂礼堂。作为东道主的童子军团长给我们安排了一个特别奇怪的任务。两人一组,在星空下启程,拿到三个特定的物品后返回:前一天的《每日邮报》、一件女士胸罩和一只黑猫。这太荒唐了,而且我怀疑他们这样设计就是故意想让我们失败。然而,我们还是以最严肃的态度迎接挑战。我们自然不知道从哪里着手,爬进教堂后院,但那里什么都没有。与此同时,对方的童子军成员只是匆匆赶回家,抱起宠物,从母亲装内衣的抽屉里偷拿一件胸罩,在回来的路上再抓起一张被丢弃的报纸就能成功。不出所料,我们回来的时候两手空空,根本比不上那些完成任务的男孩。

我认为,这是一次空洞的胜利,而且在那个晚上剩下的时间里,我尝到了酸楚的滋味。接下来又进行了一个简单粗暴的游戏:我们小组的任务是到达教堂大厅,而对手需要试图抓住绑在我们每个人左手臂上的毛线。当然,我们被伏击了,但我确定没有人能抓住我。在月光投下的阴影里灵活地躲闪后,我抓住机会冲向教堂的大门。叫喊声立刻拔高了,还在自家草坪上的童子军追赶着在星空下冲刺的我。就在要冲到门口的时候,童子军团长进入了我的视野。他咧开嘴笑着,伸开双手想要阻止我。他也犯了在月光下露出下巴的错误。我本能地,毫无妥协地,后退了一步然后一拳挥向他。这一次,我的拳头正好落在他的下巴尖上!我甚至都没看他是如何倒下的,只是带着胜利的泪水冲进教堂的大门。

我在里面等了一会儿,期待另一组的童子军跟进来祝贺我。但没有人进来,于是我走了出去回到小路上,发现他们小心地围着那名倒下的团长。灌木减缓了他摔倒的疼痛,但并没有缓解他自尊心受到的伤害。当然,我的行为被认定为"恶意攻击",受到了严厉的谴责。在被这群人证明我只是做了无用功之后,我只能回顾拳头落下的那一刻,不得不承认,我很享受那一刻。

虽然我在拳击上的天赋可以和对橄榄球和赛艇运动的热情一较高下,但在当时,我对女生的兴趣却没有带来任何实际成果。对于圣保罗学校的男孩来说,1938年最重要的事件也许就是首次与附近的圣保罗女子学校一起举办的年度舞会了。在准备阶段,礼堂被打扫得一尘不染,地板也抛了光。不仅老师们会到场监督舞会,他们的妻子也会来。因此对我来说,舞会的重要性表现为两点:第一,在舞会上有可能会见到老师的妻子,这样我就可以收集有关他们私生活的信息,以备不时之需;第二,我急切地想要遇到一位能够让我摆脱处男之身的女孩。

那些声称与异性有过亲密接触的男孩只是极少数。即便如此,他们还是深受敬佩。同时,他们也是宝贵建议的来源。我通过他们得知,应该不惜一切代价避免与处女发展关系。他们说,这不仅仅是因为她们缺乏经验,还因为处女永远、绝对不会允许你和她分手。这意味着我必须找到一个既成熟又有经验的女孩。我根本不知道如何开始寻找,总不能直接上去问人家。即使足够幸运,她们的衣服对我来说也是一个巨大的难题。女性内衣,如灯笼短

第一部分 我的童年 21

内裤或连裤紧身内衣都让人感到挫败，是难以逾越的障碍。但是，跟束腰紧身衣或紧身内衣相比这都不算什么，这两样只有最聪明的男生极尽其能才能巧妙智取。至少他们是这样告诉我的。

为了增强自信，我借了父亲的小礼服、衬衫和燕子领。广告里整天在说，如果在头发上涂抹了发胶，就会对女性更有吸引力，于是我就在头发上涂了那东西。头发真的变得明亮有光泽了。在舞会的背景下，看上去就像是戴了一顶很紧的无檐帽。我准备好了！

礼堂里，几乎所有的男孩都穿着小礼服，而女孩们则穿着长长的晚礼服。舞会很热闹，弥漫着欢乐的气氛，还有管弦乐队在演奏音乐。当时的流行歌曲有《九月之歌》（*September Song*）和《爱上爱情》（*Falling In Love With Love*），很快礼堂就站满了人。我在旁边站了一会儿，希望能和某位赛艇老师的妻子谈谈，以完成我今晚的目标之一。在谈话中，她告诉我，自己总能从丈夫回家后暴躁的脾气中得知我们比赛的失利。在情报收集上我本可以做得更好，但这意味着每当我们在赛艇比赛中表现不佳时，我就会为她感到伤心。

随后，我把注意力转向第二个目标，情绪高涨地寻找到一个愿意和我跳舞的女孩。几次踩到她的脚趾后，我说服她和我一起偷偷溜出去，在黑暗中坐在长凳上看月亮。我们激吻了一番，但时间很短，因为都害怕被发现。我们匆匆回到礼堂，好像什么都没有发生，只是在穿过明亮的入口时惊恐地看到了对方的模样。刚才我是和一位美女走出去的，现在却面对着一个妆已经花了、脸上还蹭上了发胶的女孩。而她的化妆品大部分都蹭到了我的脸上、我父亲的衬衫和小礼服上。我继续查看，情况变得更糟。吓坏了的我们俩各自冲进洗手间。我拼命擦洗，想让自己看上去体面一些。最后，我承认自己失败了，只好在没有人发现我之前跑回家。

我认为那天晚上完全是一场灾难。过了一段时间以后，圣保罗女子学院作为东道主又为我们举办了一场舞会，就是那次，事情从很糟糕变得更加糟糕。

那天我穿的是母亲为我买的小礼服，她大概是不想再冒险让我破坏父亲的其他衣服了，我带着大大降低了的期待到达舞会。这次我只想找一个没有化妆的女孩，也不在意她是否成熟或者有经验。很幸运地，我找到了一位年轻的女士，她刚好符合我的期待。跳了几支舞后，她甚至提出要带我在学校里四处转转。领着我走了几条楼梯后，她在一扇不起眼的门前停了下来。

"这是一个非常特别的房间。"她眨着眼睛告诉我。这里的确很特别。她为我打开了门，邀请我进去看一看屋里的墙壁和天花板。

"这里发生过什么？"我问道。

女孩一边关上她身后的门一边回答我。

"这是一间音乐室，"她轻声说，"我在这里练大提琴。"她继续描述着她在拉大提琴的时候把双腿分得有多开，但这对我来说似乎无关紧要。我只是在环顾四周。

"所以，这里是隔音的？"我观察后问道。

"绝对隔音，"她回答说，并等待着我把全部的注意力集中到她身上。"如果有人在这里大声尖叫，"她补充说，并朝我眨

第一部分　我的童年　23

了眨眼睛,"没有人会知道的。"

我皱起眉头,实在不明白她的意思。"是的吧,"我说,然后突然感到有点不舒服,就朝着走廊往回走去,"嗯,谢谢你带我出来转。"

半小时后,正在和另一个女孩跳舞的我突然明白了那个女孩话里的意思!这么多年来我一直被老师认为在学业上毫无建树,这就是活生生的证据啊,证明我真是蠢到家了。一位迷人的女孩愿意拿走我的处子之身,我却礼貌地拒绝了。

那天晚上余下的时间里,我都在疯狂地寻找那个女孩,但徒劳无功。我被她找了其他能够满足她欲望的男孩的噩梦折磨着,茫然不知所措,同时下决心不再重蹈覆辙。我决定,当面对机遇的时候,无论这机遇是与对我有兴趣的异性有关,还是与生活中的其他方面相关,我都会尽自己最大的努力,不再让它从指间流失。

4

奥斯坦德的赛艇比赛

1938年年末,我在圣保罗学校的学习时光已接近尾声,热议的话题变成了我们和德国作战的可能性。

谣言在首都和学校走廊里传播开来。听说驳船[①]在泰晤士河畔停泊,上面堆满了煤炭,用于焚烧空袭后的尸体。一天早上,我们到学校找一条穿过学校操场的壕沟,对可能到来的入侵进行预演,这对大家来说非常真实。我询问为什么这些壕沟不用木材做支柱,得到的答案是在化学攻击中木材会吸收有毒物质,并保留毒性数年。作为童子军的领袖,我被任命为"消防队长",带领学校的消防队。

[①] 运河、河流上运载客货的大型平底船,主要用于客货运输。

这是一个动乱的年代，谣言四起，扰乱人心。作为学生，我们对接下来可能发生的事有着自己的想法。虽然呈现给我们的关于德国的画面几乎都是激情澎湃地发表演说的希特勒，但我们对德国人的形象有着自己的看法。这种印象是在几个学期前，一所德国学校到我们学校访问后形成的。在绥靖时期，人们认为与另一世界进行谈话可以避免冲突。而实际上，这种方式只会加深我们对所面对的敌人的印象。

访问团在一位老师和一位纳粹官员的陪同下抵达。由于缺少海外交流，这样的国外旅行对于这些自认为是"优等民族"的男孩们来说是一个巨大的特权。他们中的大多数都是金发碧眼，头发很短，而且时刻保持着军姿。我从来没有见过他们的手插在口袋里（这对他们来说是不被允许的）。他们身上最显著的也许是展现出的自信和活力，身着时髦的灰色套装，而相比之下，我和伙伴们无精打采地站着，衣领上还有食物留下的污渍。

拜访者们默默地鄙视着我们。我们一定展示出了一切他们在来之前被警告过的样子。从这些男孩眼中，堕落之风在英国蔓延，而唯一能使之归于一致的就是德国人的纪律和秩序。他们的老师没有告诉他们的是——很可能是不想让他们知道——圣保罗学校拥有一支由冷溪近卫步兵团[①]管理的军事训练队。作为公立学校，当时我们的教学重点是管理、捍卫甚至扩张大英帝国。学习使用军用步枪射击是必修课，而且团队运动的加强也会促使我们突破

---

① 冷溪近卫步兵团（the Coldstream Guards），英国陆军近卫师和皇室近卫师的一部分，英国正规军中历史最为悠久的兵团。

生理和心理的极限。总的来说，这是一次冷冰冰的正式会面，因为他们不会说英语，而纳粹军官和老师也不允许学生离开他们的视线范围。随后他们访问了牛津，按照纳粹的计划，伦敦被毁后牛津将成为英国的首都。即使如此，这次访问始终徘徊在我们的心里，随着我们步入成年，随着战争走向爆发的边缘。

尽管我很享受在学校的时光，但离开圣保罗学校的时候，感觉自己的雄心壮志好像并没有实现多少。在学业上，我学会了用最少的努力应付通过每一次考试。运动方面好一点，包括赛艇（8个人中排第一）、橄榄球（15个人中排第二）和拳击（全队第二），然而我仍然是个处男。

一段时间以后，我才卸下了这个负担，然后发现生活并没有因此有任何变化。但在那之前，这似乎是我注定要继续肩负的负担，而也正是由此我对争取到盖伊医院（Guy's Hospital）学习牙科这件事变得稍微容易忍受了。然而，鉴于我不可靠的学习能力，我还是坚信应该是选拔过程中出现了问题，自己才得以入学。

我选择牙科医生作为职业的原因很简单，因为自己一直钦佩医生的工作。事实上，我的祖父就曾宣读过希波克拉底誓词（Hippocratic Oath）。同时，我也注意到一个事实，他曾经说医生过的是"狗的生活"，这样的生活没有多少吸引力。他特别提到过，职业剥夺了假期，甚至禁止我的父亲追随他的脚步。我并不想为医学事业做出这样的奉献，同时也考虑到自己智商不足，所以选择了牙科，既有医学的庄严，又能轻松一些，空闲时间也多一些。牙科无须研究整个身体，只专注于几颗牙齿就够了，于是我开始学习这门未来可能会被中断的课程。但在那一刻到来之前，我争取尽自己的最大努力跟上同学们，希望导师不会质疑我的能力。

我作为盖伊医院的学生加入了泰晤士赛艇俱乐部。不像对待学业那般漫不经心，在体育方面我能够尽力投入，并获得与努力相当的光荣。我有幸参加了亨利皇家赛艇比赛（Henley Royal Regatta），之后，在 1939 年，又被邀请到比利时沿海城市奥斯坦德参加国际比赛。比预期更令人兴奋的是，我们赛艇队要对阵的是德国代表队。

虽然战争尚未打响，但那时我们已经知道敌人是谁。

我们发现，就像之前来学校访问的、认为我们低他们一等的代表团一样，德国赛艇队也是同样冷漠，充满疏离感。我们都知道纳粹的宣传标语，他们宣称自己是优等民族。比赛前，德国队自视颇高，仿佛我们是要和超人对抗，而他们轻松就能获得冠军奖牌。参赛选手们都是精心挑选出来的，这让我们更加下定决心要打败他们。

我们不是唯一想打败他们的人。在热身前，几个比利时人走了过来。

"拜托了，你们一定要打败德国人。"他们礼貌地用法语说，声音很小，好像担心被偷听到。

我用自己能说得最好的法语向他们承诺，一定会发挥自己最高的水平战胜德国队，我说出每一个字时都是认真的。我们来这里不仅是为了比赛。鉴于欧洲正在发生的事情，我们要不惜一切代价击败德国人。

通常在这样的情况下，比赛既是体能战，也是心理战，这时候发现我们已经获得了一个有利条件,但这并不是计划好的。事实上,直到事情发生,我都不知道黄油这种简单的东西竟然能影响到我们的对手。

我们不知道的是,作为动员德国公众进入备战状态的一部分,纳粹对某些物品进行了限购,以增加军用资金。而黄油就在限购清单上。后来我了解到,他们甚至编出了一个口号"Kanonen statt Butter",翻译过来就是"大炮代替黄油"。因此,爱国的德国人毫无疑问地做出了这样的牺牲,并把这种习惯延续到海外。

比赛前夕,德国选手在奥斯坦德的一家高档餐厅预订了席位。虽然了解这个限制,但饭店老板以为选手们在海外时会假装对此规定视而不见,他告诉队长,厨师用的材料一点都没有偷工减料——包括某些乳制品。"我们有一道菜里有黄油。"老板小心翼翼地告诉队长。

明白什么意思后,队长气得涨红了脸。他用德语大声叫嚷,痛骂了可怜的老板和店员,然后快速敬了一个纳粹礼,转身离开。德国人列队走出饭店,很明显,在食物中放黄油是对他们的严重侮辱。同时,他们也给老板留下了同样的侮辱。即使在今天,如果你想让比利时人或法国人感到不快,只需要对他们的菜肴表现出鄙夷就够了。

这个消息迅速传遍了整个城市。我们听到这件事的时候,正在享用一顿很可能是用大量黄油烹饪而成的可口晚餐。比利时人被德国人的行为深深地冒犯了,很多人深夜回家后都暗自嘀咕要复仇。

第二天早上,太阳从即将举行比赛的河畔缓缓升起的时候,一些当地人找到了我们。这一次，他们提出了要求，好像有什么比钱还重要的事情正取决于比赛的结果。"先生们，"他们一点都没有压低声音，用母语说道，但其中的情感根本无须翻译，"你们必须打败那些混蛋！"

肩上扛着这样强烈的期望，我把队员们召集在一起讨论战略。

"开始的信号是**各就位？开始！**如果我们在'位'的时候出发，"尾桨手提醒，"就可以抢占先机。"

我有些不确定地看着队友们。有人认为，准备出发的信号在翻译过程中可以以听不懂为由而轻松糊弄过去。事实上，即使我们能得到机会，抢在对手之前把桨划入水中，也不得不把这个优势控制得足够小以避免被其他人注意到。

在这样的基础上，再加上祖国的尊严正在受到威胁，我们一致同意按照对我方有利的方式重新解读比赛规则。

我们在水道的起点处排成排，发现岸边已经聚集了一大批人。他们在一片死寂的沉默中站着。在他们身后，几乎每一栋沿水房屋的窗户后面都挤满了人。我们一个字都没说，只是把船牵到德国队的旁边，彼此都没有看对方一眼。我们等待着开始的信号，时间仿佛陷入永恒。

但是当信号来了，我们很清楚地知道自己必须做什么。

"各……就……位？"

我们在第三个字时突然出发。

"开始！"

用尽全力划了几次桨后，我才敢看看另一艘船的位置。我希望看到他们努力想要赶上来的样子，但是并没有发生！然后我听到他们的舵手用德语喊着口号，这才意识到他们在我们的前面。只有一种解释，那就是我们的对手甚至没有等到"位"这个字就出发了。

他们不仅偷走了一个我们本想窃取的优势，还占着更好的水道。有岸边的树木为他们挡风，我们之间的距离开始拉大。

划行到500米时，我们已经落后了两个船身的距离。大家喘着粗气划行，根据我的经验，船队里的每个人都在想着同样的事。没有指令，我们只是在竭尽全力向前划行。失败似乎是不可避免了，但我们必须表现出已经把自己的心和灵魂都付诸努力的气势。这一切都归结为技术，而且的确有一个时刻，我们划船的节奏已经达到完美的同步。在比赛中这很罕见，但当它发生时，带来是一种既平静又绝对快乐的感受。

与此同时，在我们前方不远处，德国队离开了防风林的庇护，和我们一样要面对波涛汹涌的水浪。这让两队站在了同样的起跑线上，而我们已经微调过动力了。所以从那一刻开始，我们每划一次，都是在拉近和对手的距离。

观众的呐喊声震耳欲聋。每一个站在河岸上和躲在窗户后的比利时人都在鼓励我们追上他们。此时此刻，我们已经非常接近对手，近到都可以听到他们每一句低语和每一次呼吸。当终点线进入视野之时，我们已经和德国队齐头并进了，并且在最终领先半个船身，打败了他们。

我们队的船头越过终点线的那一刻，整个奥斯坦德仿佛都震动了。

那天晚上，我们被视为英雄。很多人来和我们握手，端着啤酒和香槟，用英语表达祝贺。我不得不承认，一家接着一家酒吧地庆祝之后，事情变得有点发酵和混乱。我开始有些害怕，于是和一个叫奥玛拉（O'Mara）的80多公斤的船员结伴而行。我们一起去了一家高级餐厅并受到掌声欢迎。一位先生携带妻子过来询问我们是如何成功的。奥玛拉把桌上所有的杯子、盘子、食物和其他全部东西都扫到了地上，然后坐在桌子上，在那位先生和他已经惊呆了的妻子面前演示我们是如何划船的。我想尽快带他离开餐厅，生怕餐厅让我们支付巨额赔偿，但每个人都只是在欢呼着。我后来"断片儿"了，并不清楚之后发生了什么，只能猜测是那位神奇的同伴把我安全送回酒店的。

第二天早上，顶着剧烈的头痛，我们应召来到市政厅。尽管担心会因前一天晚上的行为而受到谴责，但在那里，我们被授予了胜利奖。市长怀着真诚的感激之情，一一为我们颁发了奖牌。令我们感到惊讶的是，尽管大家都没有吸过烟，他还是送给了我们每个人一个镀金的朗森打火机（Ronson lighter）。那时候，这个富有盛名的物品是拿在右手里吸引异性的工具。据说，如果你能用一个朗森打火机为女士点燃香烟，那她一定无法抵抗你的魅力。回家时，我隔了一段时间才把这个理论付诸实践，部分原因是我的宿醉状态持续了两个多星期。

一段时间后，我遇到了一位非常有吸引力的年轻女士并和她共度良宵，很幸运地摆脱了处男这个身份。鉴于我的经验非常有限，我被她令人惊叹的技术折服了，觉得自己必须表示感谢。于是我把珍贵的朗森打火机送给了她，这使我抱憾终生，因为她很快就从我的生活里永远消失了。回顾这整个过程，事实上也算是战争爆发前最后的欢乐时刻,我学到了三个重要的经验教训。

第一:只要没到最后一刻,比赛就没有结束。

第二:啤酒和香槟一定不要一起喝。

第三:永远、绝对不要把奖品送给别人!

5

为共同利益做出的牺牲

"你看到了什么,尤格斯特?"

盖伊医院的考官让我观察玻璃罐里的物体。液体里漂浮着某种肉质的、让人感到不快的东西。

"是一块肉吗?"我没有根据地胡猜了一下,看到考官的脸因为愤怒而紧绷。

"一块肉?"他重复了一遍,似乎无法理解一个立志当牙医的人怎么会如此白痴。"这是长了恶性肿瘤的舌头!"

我在盖伊医院第一年的学习已经结束了。从奥斯坦德赛艇比赛凯旋的英雄事迹已经成为过去,此时,英国正处在开战之际,而我很有可能会被牙科学系开除。和以前一样,我在学习上投入的精力少之又少。碰上玻璃罐里的舌头之前,我已经犯过几个基本错误了，还因为没有遵守一项重要的纪律而付出过代价。我想，自己肯定无法继续第二年的学业了。

而事实上，因为战争的来临，我没有被开除。有一天，我从盖伊医院回到家，发现父亲打包了我们的行李，仓促地准备搬到瑞士去。虽然伦敦还流传着不确定的言论，但父亲通过家乡的无线电广播充分获悉了希特勒的意图。那时，我的母亲由于疾病缠身、吗啡成瘾，已经失去了行动能力。如果伦敦遭到袭击，我父亲确信发生时是不会有任何通知的，到那时，他根本无法照顾孱弱的妻子。

父亲的担忧让我没有选择的余地。因此，我们出发前往那个我在孩童时代常常去度假的国家，后来这里也成了我终身的家。

瑞士在战争期间一直保持中立。虽然在国界线内没有发生战争，但这个人口400万的国家却拥有一支通过征兵制度建立起来的庞大军队。和父母一起抵达苏黎世并加入了瑞士国籍后，我也应召入伍，成为40万军人中的一员。我通过了非常严格的体检，也让我的肌肉酸疼了好几个星期。我加入的步兵团中有几个人也曾生活在海外。有趣的是，有个小伙子来自德国。他只是在战前出国为同伴买壁纸，最后却加入了对抗祖国的军队。一名上了年纪、拥有瑞士国籍的俄国人也在我们的步兵团中，他对自己的境况非常不满。总的来说，这一切都让我们这个兄弟连显得不同寻常。

一提到那时的训练我能记得的就是饥饿，那真是可怕的经历。这是因为指挥官希望把我们带到瑞士南方温暖的地方去，但又没有远途训练的经费。为了省钱，他削减了我们的口粮。士兵们靠用马铃薯做的面包为生,这种面包很筋道。午饭通常是面包、玉米粥和一点肉酱。终于到达南方后,我们驻扎在一个小村庄里。那里的村民对我们受到的待遇感到非常震惊,甚至袭击了我们的长官。那是一段备受折磨和考验的时光。我有时会收到父亲寄来的包裹,里面装的是意大利香肠(salami)。如果没有这些香肠,我觉得自己可能已经饿死了,以致总是期待收到这些包裹和来自苏黎世的消息。直到有一天,我收到一个噩耗:母亲去世了。搬到瑞士以后,她的健康状况严重恶化,并最终撒手人寰,结束了悲惨的生命。

  再见到父亲时,我几乎是皮包骨,但在我眼里,父亲比我变化更大,因为他的头发全白了。我听人说他的头发是在短短的10天里变成这样的。他遭受的损失非常严重,而且我回到步兵团后得知父亲决定搬回伦敦。在那段名为"假战"①(the phoney war)的时间里并没有发生什么战事。预期的轰炸袭击没能成功实施。心碎的父亲也许是想回到那个保留着他和自己妻子美好回忆的地方,我只能认为他觉得那里是安全的。我申请出国休假,以便和父亲同行,但德国人开始发起进攻。伦敦遭受闪电战前不久我回到了军队,并不知道我将再也见不到他了。

  战争期间在中立国家服役是很奇特的体验,军队内部进行着各种军事演习,但对外却是一片平静。即使是战争年代,瑞士军队系统也允许长期休假。事实上,我一直处于休假和训练交替进

---

① 1939年9月到1940年4月,英法虽然因为德国对波兰的入侵而宣战,可是双方并没有实际上的军事冲突,这段时间被称为"假战"。

行的循环里。所以我利用空闲时间申请到苏黎世的大学学习，挽救我想成为一名牙医的愿望。这里的学习要求完全不同。经历过失败之后，我最终通过了一些奇怪的考试，并通过了入学申请，生活也终于回到了正轨。我再次拿起船桨，加入了一个赛艇俱乐部。和泰晤士赛艇俱乐部一样，这个俱乐部也声名远扬，不仅在亨利皇家赛艇比赛上赢得了小组赛、大满贯和钻石奖，还在奥林匹克运动会上获得过两枚奖牌。当然，无论何时收到部队的征召，我都必须放下手头的一切赶过去，但这很快就成了我的生活方式。应该这样说，在穿着军队制服的时候，我从没带着武器参加过战争。我经历的战斗都是日常生活中的，而不是传统意义上的战斗。

在苏黎世上大学期间，我和一个名叫比尔（Bill）的荷兰学生成了朋友。他来到瑞士学习，但处境艰难。他的父母曾在苏门答腊担任荷兰外交官，但在日本侵略印度尼西亚之后，就再也没有他们的消息了。比尔没有任何经济来源，为了生存，他不得不为在瑞士的美国特勤局（American Secret Service）工作。当他取得信任后，美国的代理人安排比尔到瑞士南部进行一次秘密行动。他跟我关系很好，于是来向我求助。

有一天他问我："你会做饭吗？"

"当然！"我回答说，感觉有些被他的问题冒犯了。"在参加童子军那段时间，我们学会了在野外生火做饭，甚至还必须吃掉做的饭！"

比尔笑了，悄悄地解释了他想要我做什么。当时在苏黎世，食物配给非常紧缺。迫于饥饿和对冒险的渴望，我接受了邀请。

不久之后，我们前往提契诺州（Ticino），这是一个与意大利北部接壤的、有着茂盛草木的山谷和湖泊的地区。比尔带我去了位于瑞士南部卢加诺市（Lugano）的一个大别墅，在那里他告诉我，我需要准备 6~10 个人的饭菜。我知道比尔与美国特勤局之间的关系，也知道他们承诺支持盟军，于是选择不再问更多的问题。某种程度上，根本没有这个必要。客人一到，我就知道这里正在发生什么了。

就在国界线外，意大利法西斯正在努力遏制抵抗运动。那些身穿平民服装，带着被搜捕的恐惧神情的人一到这里，我就能看出他们是意大利或南斯拉夫游击运动的成员。

这期间他们的表现证明我的猜测是正确的，而这些抵抗者们很快就信任我了。他们来这里是为了休息，同时分享情报并制定计划，而我的任务就是发挥自己的最高厨艺水平确保把他们喂饱了。他们待了一个星期左右就离开了，然后另一组成员到达。由于这项行动与瑞士的中立角色不符，因此在附近村庄购买补给品时我都很谨慎地保持缄默。这里可以买到从意大利走私过来的非配给食物。比尔知道在这方面他可以信任我。据我所知，他主要担忧的是别墅的女房东。比尔在租房子的时候编造了一个理由，但现在他担心房东已经注意到这些活动，对事情的真实情况起了疑心。

"我们必须让她闭嘴以防止她说出去。"比尔对我说，声音里透着不祥。

"怎么做？"我试图用不那么惊慌的语气问道。

比尔仔细地向我分析："查尔斯，现在我们都要为了共同利益做出牺牲。"

"我想是这样的。"

"你是一个英俊的小伙子，"他继续说，"而且，嗯……我们相信只要你去温柔地说服她，她一定会被你的魅力折服。"

我思考了一会儿才恍然大悟："你想让我……"

我的声音越来越小，因为比尔开始朝我点头，仿佛在这件事上我别无选择。

第二天，我提醒自己这样做有更伟大的目的，然后邀请了别墅的女房东在外共进晚餐。由于我也是租客之一，因此一开始她对我还心存戒备。我使尽浑身解数扮演一个绅士，她终于放下了戒心。比尔没有明确说出要怎么做，我也没有明确的策略，但我告诉自己，即使必须和她上床，那我一定会这样做的，就算这个可怜的女人根本不是我喜欢的类型也没关系。我也担心自己可能不是她喜欢的类型，这意味着我会以最糟糕的方式宣告任务失败。我所能做的只是尽我所能用葡萄酒和美食打动她。然而，随着夜色加深，我开始享受她的陪伴，她也终于热情起来。但我想可能是我的努力和热情耗尽了她的精力，我们的约会结束时，她开心地笑着对我说晚安，这让我不必再进一步做什么了。

再见到比尔的时候，他没有盘问我当晚的细节。他只是告诉我，无论我和女房东之间发生了什么，得到的都是奇迹般的结果。因为在那之后，她对于持续不断来来往往的人们产生的疑虑完全消失了。后来，当游击队偷偷越过边境回国，继续对抗纳粹的行动时，我的朋友为我在厨房和其他方面付出的努力表达了感谢。毫无疑问，这是一段令人兴奋的、充满挑战又很有启发性的经历。尽管后来我知道了瑞士特勤局对这一切心知肚明，而且是默许的态度，但我觉得自己为战争做出了微小但很有意义的贡献。我们是"日出"行动的一部分，促使德国将军沃尔夫（Wolff）在意大利投降。

接下来还要继续服兵役，没有任何行动和间谍活动，食物供给也很少。每段服役期后，我都会直接前往苏黎世继续学业。战争使我成为牙医的努力变成一件长期的事情。然而，即使时间在飞速流逝，我还是决定完成它。每次回去都是和父亲的亲戚住在一起，但是我很少见到他们。为了尽可能地远离人群，我会在破晓时分就起床，然后骑很长一段路去学校，听一整天讲座（从早上7：15开始）和实践课。傍晚时分，我会骑车去湖边，划一个小时的船。回到亲戚家的时候已经过了晚饭时间，所以到家后我就直接休息，第二天继续这样的生活。那段日子很疲惫，也很饥饿，而且感到寒冷彻骨，但我没有丝毫抱怨。即使在最后一年的实习课上，一位发烧的病人对着我的脸咳嗽，我也仍然继续着手里的工作。

没过多久，我被诊断出结核病。事实上，营养不良和剧烈运动破坏了我的免疫系统。于是，我因健康问题离开军队，在瑞士疗养院被关了6个月。大多数时间里，我都在抱怨自己的愚蠢。

我在疗养院期间正好赶上了战争结束。后来，我回到苏黎世完成学业。最终，我以惯常的"低空飘过"合格线的分数通过考试，成为一名合格的瑞士牙医。然而，由于之前不在意身体而付出了惨痛代价，我决心从经验中汲取教训。在接下来的几十年里，我可能还失败过几次，但现在，我认为崭新的观念是成功应对衰老的基石。我还会继续探索的关键动力是时刻更新自己对身体方面的观念。

6

白金、黄金……和美元

战争结束后,随着病情的康复,我离开苏黎世回到了伦敦。除了需要料理父亲的后事——我在瑞士期间,他被炸死了——我还渴望知道自己是否能够继续在盖伊医院的学习。我已经在瑞士获得了牙科的执医资格,但在我看来,作为世界上最负盛名的医学院之一,这与它的入学要求并不相符。

问题是他们是否愿意让我回来。

不仅因为我之前在学院有令人沮丧的学习表现,而且现在入学的竞争也非常激烈。军队解散后,士兵们得到了学业津贴和补助金。那些曾暂时搁置医学生涯的人都聚集在首都,就为了找到一个继续学业的地方。我的确有苏黎世大学的口腔医学毕业证书来证明自己不是一个彻底的失败者,但在面试的那一刻,我觉得自己完全没有胜算。

"考生尤格斯特,说说看,你在瑞士军队服役了多少年?"

专家组的这个问题令我语塞。在我面前是一个凸起的平台,平台上放着一张桌子,后面坐着 10 名学者在等待着我算出多次服役的总时间。

"我服役的时长不是以月或年,而是以天来计算的。"我以微弱的声音回答,随后试图计算出一个可以接受的答案,以避免失败。

事情看起来不太顺利。然而,讲台左边有位教授一直在研究我的旧档案,他突然微笑了一下,并把档案传给专家组的其他人。接着,专家们的表情都愉悦了起来,令我惊讶的是,他们让我通过了面试,我可以继续上学了。而原因完全出乎意料,赛艇又一次拯救了我。

在战争前,我曾在泰晤士河上与另一个医护组进行了一次四人组的比赛。我们莫名其妙地赢得了比赛,我还获得了半蓝徽章和一条特殊的领带。教学医院之间的体育竞争向来激烈,这次胜利也帮我获得了专家组的充分认可。因此,这个我几乎忘记的胜利挽救了我的职业生涯。

能再次回到盖伊医院,从多方面来说都很有时运,但我的生活却没能轻松多少。那时,一位年轻女士的出现分担了赛艇的分量,并成为我生活中的重中之重。我探索她身体的时间要比探索解剖学这门课的时间多得多,于是我没有通过期末考试的第一部分。我参加了医院的赛艇队,希望自己的划船能力可以弥补学习上的不足。我们赛艇队还有一位获得过"牛津蓝"的成员,因此我以为我们是不可战胜的,我希望水上的胜利能够再一次荡平其他水域。但不幸的是,我加入船队后,我们就在一次重要的比赛中失败了,和一座银奖杯擦肩而过。那次失败后不久,我就收到一封信,在我看来,这都是不可避免的。来信告知,鉴于我糟糕至极的学习成绩,如果不能通过一场特殊考试的话,学校就会把我开除。赛艇让我重回盖伊医院,而现在却几乎成为我离开的导火索。我别无选择,只能集中精力好好学习。

最后,通过努力和一点小聪明,我通过了考试并从皇家外科学院毕业。作为一名合格的牙科医生,现在我在英国和瑞士都可以工作了。挑战一个接着一个,我的生活从来没有容易过。即使如此,我从来没有放弃,而生活也变得更有意义。

对于那些在考试中挣扎的人,主要是那些在学习上投入很少的努力,到最后一刻才开始复习的人,我的求知欲可能会让他们感到惊讶。虽然生性懒惰,但我真心喜欢牙科学,而且对一切相关知识都很感兴趣。所以,在盖伊医院的学习结束后,我准备攻读博士学位。这意味着我要完成一篇论文,还要去一趟德国。后来的事实证明,这次旅程可以说是徒劳无功,但也是一次宝贵的经历。

当时我对德国的印象并不好,战争刚刚结束,人们生活在一片废墟之中。我来到了波恩(Bonn)的大学,那是德国仅有没被炸毁的几处建筑之一。我本希望能在一位知名教授的指导下学习。但我发现与之前在瑞士和伦敦的经历相比,德国大学做事的方式全然不同,与享受教授对我全然的注意相反,我需要参加答辩,论述论文中出色的观点。在那里,我发现我的导师不是和一个小团队里的几名学生一起工作,而是指导跨学科的多个课题。因此,我等了好几个小时才见到他,但他只给了我 5 分钟的时间。我很绝望!但是,当了解到我打算专攻牙龈疾病时,他表示柏林有一位受人尊敬的教授在该领域提出了一个有趣的理论。于是,出于对该死的论文的追求,以及强烈的好奇,我出发前往柏林。

1948 年,柏林不仅处于被占领中,还被封锁。那时冷战刚刚拉开序幕,苏联通过铁路、公路和运河逼近德国首都柏林,与同盟国军队对峙。我到柏林之后发现这座城市也在慢慢恢复之中,在我看来公民们似乎生活在官僚主义和文书工作的氛围之中。配给制仍然生效,这意味着为了生存要出示合格的证明文件,同时因为城市被划分为许多区域,行动自由被严重削弱。我很幸运,作为一名占领军成员国公民获得了访问的资格。这意味着在适当的时候,我可以前往法国区拜访指导论文的教授。至于我居住的酒店,那里被一片废墟包围着,当值的门卫却身穿燕尾服,系着白色领带。这里的客人大多是戴着大量金色穗带的官员,食物也很丰盛,有燕麦粥和全套的英式早餐加下午茶。这样的条件完全超出了我的预期,安顿好后,我开始寻找要拜访的对象。

当我终于找到了教授时,吃惊地发现他是一位老人。我不知道他是怎么留在工作岗位上的,但和他会面的短短几分钟中,他的心理缺陷表现得很明显。我的希望和梦想几乎是瞬间崩塌了。想在柏林完成论文的我走投无路。作为借口,我决定在放弃计划之前,至少应该去了解一下这座城市。

我在街道上徘徊,每当人们从身边经过,我都能敏锐地听到他们在低语。我开始仔细地听,很快听出了他们所说的内容。

"白金、黄金……和美元。"

这是一座人们为了生存要依赖以物易物的城市。大家不顾一切地想要交换东西。其中包括一个年轻的德国女人，我和她进行交谈。她很有活力，也讨人喜欢，所以当她邀请我去城市的东边，位于苏联占领区的住处做客时，我欣然接受了。

在我们约会的那天，我跳上一列能够带我穿过检查站的火车。车厢里座无虚席。闲聊声和笑声充斥在空气中。然后最离奇的事情发生了。我们从西柏林一进入东柏林，车厢里的吵闹声就突然消失了。突然之间，谁都不再说话了。而且，当我下车和那位女性朋友碰面时，我发现这种紧张的气氛甚至蔓延到了街道上。从那里出来开始，到我们路过在街上巡逻的苏联士兵的时候，我感受到的只有空气里的紧张。这太可怕了。但我的女性朋友却习以为常，而且显然已经学会了如何在这种具有挑战性的环境里生存。我想留在她的公寓里过夜。虽然没有相应的文书允许我在这片区域过夜，但我认为这是一次值得冒的险。第二天，回到与东柏林相比更阳光的西柏林时，我已经没有了幻想，这座城市已经被两股势力分裂开了。而我知道当这种局面继续发展时，自己想生活在哪一边。然而，就在那时，柏林再也不能给出任何承诺。如果想抓住还等待着我的机会，就要去更远的西方。

我在20世纪50年代初抵达芝加哥。在文化、工业和通信方面，世界正在以惊人的速度发展着。放弃了在德国完成论文的希望之后，我选择到位于风城芝加哥的西北大学（Northwestern University）继续学业，我希望这里能给予更多的支持。我的预感是正确的，当时的美国真是个振奋人心的地方。我享受在这里的每一刻，全心全意地拥抱生活。

父亲去世后，我得到了一笔不多的遗产。他很早就不工作了，所以去世的时候并不富有。但是这笔遗产还是让我能够跨越大西洋，去追求无比渴望的东西——一个旨在吸收和理解我所选择的学科的各个方面的真实渴望。在那时，我相信自己懒惰的习惯已经消失了。同时，我发现自己在一个处于战后时期，值得去游历和探索的国家。因此，在西北大学的学习结束后，我购买了一辆有着皮质内饰和白色轮胎的黑色雪佛兰汽车，然后开着这辆车，开始了环美之旅。为了筹集旅行经费，我开始转向股票市场。

我的钱并没有化为乌有，反而真的挣到了一些。这些钱足够支付旅行费用，让我能够满足自己，并且不至于倾家荡产。旅行结束后，我已经准备好进入生命的下一个阶段了。在攻读博士学位的过程中，我享受了一次美好的旅行，不再懊恼于缺少和异性相处的经验，我回到欧洲，打算开始创业，甚至组建家庭。

首先，为了完成博士学业，我又在德国度过了一段时间。这一次到达波恩的时候，我被人们面对逆境时展现出的积极态度震惊了。他们似乎在所有场合都有庆祝活动，从花瓣到葡萄酒都能庆祝一番。我非常欣赏这种品质，并在海德堡（Heidelberg）生活了一段时间，完成我在大学的学习。然而，在美国的那段生活深深地影响了我。我将那辆雪佛兰汽车抵价购入了一辆配有红色皮革座椅的奥兹莫比尔98（Oldsmobile 98），并在离开美国时把车运到了欧洲。这是一个不寻常的举动，在当时几乎闻所未闻，但的确对我的生活方向产生了深刻影响。这辆庞大、豪华的汽车跟着我来到欧洲，无论何时开车上路，都能吸引到路人的注意。

一个三十出头的男人，衣着整齐地穿梭在城镇之中是很有吸引力的。我必须承认，能够和一个在路上遇到的仰慕者搭上话，真的要归功于那辆车，这位仰慕者是一位经济学教授的妻子。这自然而然地发展为友情，又发展为更进一步的交往。可以想见，尽管我心胸狭窄并且十分自负，让人感觉很不好，但那位教授还是深受打击。我比他年轻很多，拥有一辆令人印象深刻的美国轿车和他妻子全部的注意力。那个可怜的男人没有和我针锋相对，而是玩了不同的把戏。事实上，他的第一步是邀请我参加一个聚会。

"我想让你作为我的客人参加，"他说，"这是一个学院活动，我所有的学生都会来。如果你觉得哪位姑娘不错就告诉我，我会介绍你们认识的。"

出于好奇和内疚，我接受了他的邀请。我无法得知他是否确信班里最优秀的那个年轻女学生将会吸引我的目光。但当我看到她时，我确定她就是命定的那个人。她的名字叫埃达·比安卡（Edda Bianca）。她有着黑色的头发、深邃的双眼和迷人的微笑。我们相处得很融洽，这让教授非常高兴，他终于解脱了。事实上，这是一件让大家都高兴的事。教授从我的介入中挽回了他的婚姻，埃达的期末论文则被教授给了很高的分数（我一直坚持这与我有关），而她也成了我的妻子。

第一部分　我的童年　47

7

一块猪油

1954年,我的生命中发生了两件大事。第一,我和埃达结婚了;第二,我获得了博士学位。然后我搬进苏黎世的一处公寓里,开始了自己的第一次牙医实践。虽然早期的求学生涯前途渺茫,面对女性也显得十分笨拙,但我终于还是来到了生命中最重要的阶段之一。我不再年轻、无忧无虑,但日常生活舒适惬意、安全感十足。在我看来,正是这样的生活让我冒险起来肆无忌惮。

在为新事业打拼期间,生活中的其他爱好就不得不先放一放。但对我来说,赛艇仍然很重要,由于工作繁忙,我很少有机会外出到湖上划船,于是续约了在苏黎世一家俱乐部的会员资格,我认为自己只是一个赛艇爱好者。虽然埃达为我们努力经营了一个温馨家庭,但我仍想去城市发展业务,实现更崇高的追求。

按照计划,为了迎合高端客户群体,我决定回瑞士。简单地说,这意味着我可以用自己的专业知识赚更多的钱。而面临的挑战是如何让自己从竞争中脱颖而出。毕竟,每一位牙医都能提供相同的高效服务。口腔卫生对每个人都很重要,无分贵贱。所以,我没有凭借自己来之不易的技能销售自己,创办一个适合我的业务,而是着手创造一个让病人感到是为他们量身定制的就医环境。

在那几个月里,我在伦敦的各个古董店里搜刮能看上的最好的家具。从椅子到地毯,还有窗帘和桌子等一应物品都价格不菲,这些东西帮我打造一个别具一格的候诊室。我聘请了两个助理,他们身着私人定制的套装,懂得如何摆放接诊台上的花瓶里的花以及如何为客户们提供精致的咖啡。我甚至坚持要求他们现磨咖啡豆,这样咖啡的香气就会和有坐垫的椅子一起成为迎宾的一部分。我买了能找到的最贵的杯子和碟子,用银质的红酒冷却器摆放盆栽,甚至同样用心地装饰女士洗手间。我坚信,为女性客户群体提供一片私人区域是至关重要的,这能够加深她们的印象,让其认为自己得到了全城最好的体验。最后,为了让每一位客户都相信我就是苏黎世最好的牙医,我把自己的考试成绩和研究生证书打印出来,贴在了墙上当壁纸用。在这个宫殿般的口腔诊所里,任何人都无须等待。事实上,一些没有预约的病人也会喜欢在这个舒适的环境中很安静地坐着,读一读最新的杂志。

总的来说,这个策略主要源于在美国的经历。第一印象非常重要,能够赢得客户的信任,而信任能够促使客户购买口腔器材,我也因此创收。我认真对待自己的职业,并致力于获得与收费(由瑞士牙科协会(the Swiss Dental Association)核实)相符的声誉。

我知道昂贵的工具并不等同于好的治疗。真正良好的治疗来自于医生的技能，使用简单、经济、可信赖的设备，在将近40年的职业生涯里这一直是我的秘密。

随着时间的推移，电影明星、艺术家、董事长、国际投资者和他们的家人渐渐都成了我的客户。毫无疑问，作为牙医，我的富有和名气使社会地位也得到了提升。妻子会协助我的财务，而她计算出的数字从没有使我产生怀疑。我非常努力地将业务经营成一份收入颇丰的事业，而我们的两个儿子克里斯蒂安（Christian）和安德烈（Andre）的诞生也赋予了我更多的责任，让我更有动力。无论付出什么代价，我都要认真抚养他们。

在职业生涯中，每年我都会横跨大西洋去美国参加牙科学术会议和研讨会。此外，我还会拜访美国最优秀的牙医们，观摩他们的工作。对我来说，随时了解最新的进展、技术和学术争论非常重要。我也十分享受这种文化差异，以及暂时脱离日常工作和家长角色所获得的放松。

早些年的时候，我曾在芝加哥参加过一场大型会议。会议在一家以豪华电梯闻名的酒店举办，那些操作电梯的女孩们总是吸引着我的目光。她们是那样的香气袭人、美丽明艳，我只顾得上赞美她们以至于错过了要去的楼层。几十年过去，技术也发展了，电梯操作员已经不再被需要。有了控制按键，你只需要按下前往楼层的数字按钮，剩下只需孤独地盯着自己的鞋看。然而，酒店大堂的情况全然不同。那里总是挤满了与会代表。为了疏通大堂，酒店会安排一群可怕的女人，她们疾言厉色地把我们挤进这一趟电梯，或者挤出来等待下一趟电梯。她们脾气火爆，行动粗鲁，声音洪亮，样子令我心碎。

有一次，我和同事刚刚在一楼被挤上电梯，正在整理领带。"他们过去雇佣的那些甜美可爱的女孩怎么不见了？"我问同事，"变化怎么这么大！"

同事把用来遮挡秃顶的头发捋平放回去，叹了口气说："什么都没变，这群女人就是她们，只不过老了。"

时间似乎不会等待任何人。我太专注于自己的工作以至于没有注意到时间对我的影响。在职业生涯的中期，即20世纪60年代后期的某一天，在照镜子时，我看到一个自认为事业有成的男人——收入有保障，有一份成功的事业和一个幸福的家庭——发际线从眉稍后退，腰围渐长，不过这些并不算是年龄的标志。我把这些视为支撑家庭应该付出的代价。

我根本没有注意到，当步入50岁时，自己已经变成了一个秃顶、自满、像块猪油一样的胖男人。

有些人会盲目地忽略这种中年时期的变化，而另一些人会在某天幡然醒悟，不喜欢看到镜子里的自己。我当然是后者，也许反应慢了一些、迟了一些，但我还是决定要做出改变。后退的发际线持续提醒着我，自己已经不再年轻，而我对此束手无策，但仍然决定开始健身以保持身材。

我怀着很大的期望购买了一本为加拿大空军定制的健身手册《加拿大皇家空军5BX健身计划》（*the Royal Canadian Exercise 5BX Plan for Physical Fitness*，1950年出版，后经修订）。我听说这是一本有保障的无器械健身实用手册。书中有很多实用的图表和图解，并提供了剧烈但有效的训练和健身方法。不幸的是，我满怀热情，但调理身体的方式完全是错误的。简单来说，我没有在运动期间留出足够多的恢复时间。无论是进行水上运动，还是手册指导的运动，我都把自己逼得太紧，直到最终身体出现问题。

结核病是一种具有高度传染性并且危及生命的呼吸道疾病。即使人足够幸运地活了下来，结核病还是会对其免疫系统产生长久的影响。二战期间战胜了病魔后，我本应该更加小心，但当时我正在和中年危机对抗。病症最初的征兆是以咳嗽的形式表现出来的。这是一个刺激性反应，但我无法离开工作岗位。之后症状恶化，于是去看了医生。医生进行了诊断，X线片显示我的肺部有一个橘子大小的空洞，我没有其他选择，只能接受治疗。在对阴霾般的旧病复发的震惊中，我被送往位于阿尔卑斯山上的疗养院进行为期 6 个月的休养，呼吸新鲜空气。然而，这一次击垮我的是潜在的危险。我不仅通知了员工好让他们能够注意自己的健康状况，也向我客户名单里的每一位病人发出了相同的提醒。

在疗养的 6 个月里，我感觉自己的世界似乎濒临崩溃。远离了家人使我孤独难过，但感谢那些谨慎的保险条例，我才能继续雇佣员工，同时聘请一位年轻的牙医来代替我出诊应急。那是一段压力重重的时光，而这些压力对我的病情恢复没有任何好处。随着新型抗生素金霉素（Aureomycin）的出现，通过静脉注射，我的病情逐渐好转。过了一段时间，我被允许拥有短暂的自由活动时间。大多数病人会沿着山路短途步行去村里的咖啡馆。我为了能早点离开这里，选择了相反的方向步行上山。

第一次我没有冒险走太远。当时我过于虚弱，活动时间也很有限。我也知道，如果自己的所作所为被医生发现，为了保证健康，他们会立刻将我看管起来。但是，我获得的自由时间越多，身体越强壮，就越想跋涉到更远的地方。每一次，我都会缓步行走在蜿蜒曲折的小路上，穿过落叶松和松树林，在适当的时候转身返回。这是为了让我的肺部能够呼吸到一些新鲜空气，也让双腿能够得到锻炼，而且我发现自己很享受这样的时光。

每天我都可以离开疗养院一段时间，然后认真地重复着这个路线。每一次我都会比前一次走得更远。最后，我爬到一个登山者的小屋，俯瞰森林山谷和积雪覆盖的区域。我在那里停留了15分钟，呼吸新鲜清爽的空气，然后步行1000多米原路返回疗养院。这是一段充满挑战又释放自我的经历。山路有时很难走、十分陡峭，但身体与自然的接触让我重新感受到什么是生活中重要的东西。这不仅改善了我的肺功能，而且，独自处在洁白云朵和碧空相映的高山景观中，以及有节奏的脚步声，让我感到自己得到了净化和新生。

住院6个多月后，我离开疗养院，重新回归到家庭和工作。回家之后，我满以为自己的事业会一片狼藉。但令人意想不到的是，与之相反，每一位病人都选择继续在我这里就诊。在他们看来，我向他们告知自己的情况是高尚的表现，对此我既是感恩，又觉得自己做到了谦卑。步入中年后出现的严重的健康问题令我清醒起来。通过登山锻炼，我的体型好了许多，但现在我意识到每次运动间期留有充足的恢复时间是多么重要。我明白了恢复时间的长短取决于运动的类型和强度，而这也成了我沉迷运动的来源。

8

季　夏

人们常说，55~65岁是最具有创业精神的时期。一般情况下，这个年龄段的人在欧洲和美国拥有大量的创业公司。以个人经历来说，我知道其中的原因。

在牙科领域工作了超过25年，我发现自己开拓出了其他的职业发展道路。我很喜欢去美国参加会议和讲座，也希望能有机会分享最新的临床发现、资讯、观点和信息。在20世纪70年代末，临床期刊似乎是交流行业内信息最有效的沟通方式，于是我会在晚上和周末整理稿件。首先，我加入了美国期刊协会（American Newsletter Association），每年去华盛顿参加协会的会议。撰写和设计由我全权负责，我还建立了小规模的客户基础，然后打印出来，并为读者分发刊物。读者的好评让我可以小范围继续扩展这项业务,我对版式进行了一些改进,甚至得以在法国和德国出版。同时,我在苏黎世租了一间小办公室作为工作基地。没过多久,这份最初只是作为副业的事业的规模不断扩大,甚至超出我的想象了。

因此,半是偶然半是有意地,我谋得了第二份工作,而这份工作也非常适合已步入60岁的我。

我完全有能力平衡好牙科出诊和期刊出版这两份工作。儿子们已经长大了,于是我把之前用来抚养孩子的时间也用在了工作中。这很艰难,但是我有丰富的经验、充足的自信和明确的目标,能够发展好这两个事业。磕磕绊绊到达生命的中点,我觉得这是不容忽视的属于这个阶段的美好。

讽刺的是,创业的黄金时期来了,生活中的其他方面却开始衰退。从疗养院回到苏黎世的10年间,我尽心尽力地照顾自己的身体。

从第二次发作的结核病中幸存下来,又通过山间步行促进恢复,我以合理的方式保持自己的体型。与全身心投入快速塑形的健身项目(这已经被证明会产生灾难性的反作用)相反,我认为,重拾过去的体育项目可能对我所要对抗的衰老会很有效。

我找到了一个叫维利(Willy)的赛艇伙伴。像我一样,他也六十出头,于是我们相约到苏黎世的湖上结伴训练。这在某种程度上让我回想起了年轻的时光。我起得很早,赶在上班之前训练,还能欣赏平时被我错过的清晨的景色和声音。从早上八点半见到第一个病人一直到午饭时间,我感觉比以前好多了。在瑞士,我们享受着几个小时的午睡时间,有时我会利用这段漫长的午休时间去湖面划船。毫无疑问,划船让我十分开心。不过我注意到自己的反应速度和精神状态还是有所下降。最终不得不承认，划船无法让我拥有想要的体魄。作为耐力运动，划船的名次取决于我的有氧运动能力，但对于减掉多余的重量没有什么帮助。

据估计，从30岁起，我们每10年会失去3%~5%的肌肉质量。因此，我必须比年轻的桨手更加努力才能获得满意的表现。当时，我没有把这当成一个障碍而是视为一项挑战。然而，在此期间我的伙伴开始遭遇困难。虽然他定期练习，但表现却有所下降。我在另一位年长的桨手查理·D（Charlie D）身上发现了同样的情况。他试图做出改善但无济于事，体能的衰退令旁观者为之心碎。对于维利来说，让事情变得更糟糕的是他的心理状态随之下降。当两人相继去世后，我开始审视自己的生活，担心自己会成为下一个。所有我能想到的就是用尽全力继续划船，好像这样就能让我逃脱同样的命运。事实上，这样的决心让我步入70岁以后，在赛艇上获得了比以往更大的成功。

赛艇老将系列赛（the Masters Rowing Series）允许参赛者按照年龄组别参赛。长期以来，比赛的焦点都集中在正值盛年的赛艇手身上，但这次按照年龄组别参赛对我来说是一种优势。这样的机会是我无法抗拒的。我训练了很长时间，并把自己调整到最佳状态。每周中有6天的时间，我会尽一切可能到水上训练自己划船的技术和持久力。最后有了这样一次机会，可以看一看再次接受挑战的我能表现如何。我找到了愿意与我结伴的人，而且令人高兴的是，我们在全国性的赛艇比赛中取得了相当不错的成绩。

随后的几年，我参加了一些国际性的赛艇比赛。慢慢地，我甚至发现作为一个赛艇手，自己变得更受欢迎了。令人沮丧的是，这不是由于我突出的能力，而是因我的高龄。在老将赛中，各个团队是按照平均年龄分组的。由于我的存在，船队可以吸纳更年轻的选手而不会让他们被分到竞争力更强的组中。我很享受被需要的感觉，但无法忽略的是，就算竭尽全力，我的表现还是江河日下。在失去维利和查理几年后的这一刻，我清楚地意识到发生了什么——赛艇无法拯救我。

赛艇很考验耐力和技巧，但我意识到这项运动无法塑造肌肉。虽然他们都热衷于赛艇，我还是目睹了这两位年长的朋友随着年龄增长而衰老的过程。而现在我似乎不可避免地要重蹈覆辙。甚至开始怀疑，维利后来遇到的心理问题也和肌肉退化有一定的关系。当然，我的身体状态也不如从前了。虽然坚持运动让我的循环系统仍然保持着良好的状态，但看上去并不好。作为一个长期喜欢评价镜子里的自己的男人，这意味着我的自我感觉也越来越差。在忙于牙科出诊和期刊工作之时，年龄的增长令我沮丧。很简单，我只是不愿就这样放弃而已！然而，事实证明，对工作毫不松懈的奉献导致我的生活发生了其他剧变。

伴随着巨大的悲伤，在共同抚养了两个优秀的儿子并经历了20年的婚姻生活后，我和埃达决定离婚。

早在20世纪90年代初，我们就已经知道无法继续在一起了。那是一段痛苦的时光。无论是经济上还是感情上，都让我痛至骨髓。现在回想起来，我对那段日子的感受与过去相比截然不同。相比之下，今天我对前妻的感情只有感激。尽管我们分开了，但也为我引领了一个新方向，那就是我依旧不会为迎合他人而做出改变。分开时我心怀喜悦和真诚，对于比安卡来说，她自由了。

时间流逝，我们都变了。我们的需求和价值观变了，有时候这会让我们和生活中重要的人产生冲突。但这并不意味着必须抛弃过去一起度过的美好时光，或者阻碍追求新机会的道路。我们要为自己的感受负责，无论有多痛苦。

作为离婚的后续，我在七十出头的年纪发现自己住在苏黎世的一间简易装修的小公寓里。这对于年轻些的我来说可能会更舒服。但此时此刻我的情况看起来过于落魄。我名下的财产少之又少，而且也需要一些时间来处理自己的情感。至关重要的，或者说救命法宝是，我还有谋生的手段。离婚后，我在牙科诊所加倍努力地工作。在新助理的辅助下（她虽然头发蓬乱，但有很好的职业道德），我的总收入翻了一番。除了赚钱，我的目标是成为一个更好的牙医。我珍惜病人的信任，尤其在我之前生病时，还和许多人成了朋友。

我的一位客户是德国著名小说家。他特别会讲故事，我常常给他预约两次问诊，仅仅因为想听他的故事。得知我的个人情况后他给我提出了建议，我都记在了心里，以避免重蹈覆辙。

"只有四个字能够留住一段感情，"他说，"你、是、对、的。"每天晚上诊所关门后，我就回到公寓。但是我并没有在繁忙的一天结束后停下来休息，而是专注于创作下一期的期刊，常常需要工作到夜里 11 点或 12 点。随着每一期期刊的发布，读者群日益壮大，同时我将获得的收益投入到事业中，使其良性发展。从某种程度上来说，这就像是我抚养的第三个孩子。在当时，这份事业看上去确实令人满意。

我对工作的投入可能是导致离婚的一个因素，但也是后来我能够东山再起的原因。在同龄人都停下来休息的年纪，我花费了比之前更多的时间在诊所为病人看病，在公寓的桌前写期刊，并且热爱生活的每一分钟。按理说，我可以在60多岁的时候退休。但当时并没有那样做，而之后离婚使工作再一次成了我生活中的必需品。然而，这不仅仅是经济上的回报。在心理健康方面，我作为一个牙医和期刊出版者，获得了挑战、目标和我在水上运动中一直想要得到的满足感。

我也得坦然地承认，这段时间里很孤独。过了这么久的婚姻生活，我发现自己很难面对单身。幸运的是，离婚两年后，我遇到了后半生的真爱。

埃尔西（Elsie）是亲英派。她喜欢一切关于英国和英国文化的事物。在她的要求下，我会为她读《爱丽丝梦游仙境》(Alice in Wonderland)，而她的脸上总是带着梦幻般的表情。她是一个美人，也是最美好的人。在她的邀请下，我搬到了她位于苏黎世郊外山丘上的房子里，我们开始了一段美好的生活。我继续在诊所努力工作，但不希望工作成为我们之间的阻碍，因此我询问埃尔西是否愿意担任我的助手。让我高兴的是，她同意了！不仅如此，她工作得相当出色。离婚后我一度感到生活脱离正轨，但此刻我感觉自己找到了灵魂伴侣。我们在适当的时候结婚了，我感到无比快乐。

到了75岁，我终于开始展望退休后的生活。使用精密的牙科器材时，我的灵活性开始出现问题。考虑到工作质量，我知道是时候停下了。支付了一辈子养老金，至少在某些方面我准备好退休了，所以最终我决定关闭诊所。这是苦乐参半的时刻，但我仍然继续期刊事业。更重要的是，我和埃尔西已经有了规划。拥有着这么多的空闲时间，我把不做牙医之后的生活看作是刚刚到来的季夏。

接下来的几年我们非常快乐，尽管我不太喜欢自己在镜子的样子。关闭诊所似乎是一个导火索，我眼睁睁地看着自己的身体开始衰老。好在我的感情生活非常幸福。埃尔西非常善于交际，她能用谈话让整个房间充满活力，而且对世间万物都怀有积极的态度。她有一个从学生时代就认识的女友，她们经常一起消磨时光。有一次，她们决定开车去法国度假。埃尔西对旅行满怀期待，但我有些担心她们的安全。她的好朋友开车技术十分之差。当我对埃尔西提起这件事时，她说她来开车。但这并没有让我放心多少，因为埃尔西也不太擅长驾驶。我甚至给她看了一篇报导法国车祸高死亡人数的文章。但埃尔西没有把我的担忧放在心上。她向我保证会没事的，然后继续收拾行李准备出发。我看着她们离开，然后回屋思索要如何度过她不在的这一小段时间。没有了她，公寓显得非常空寂。

没过几天，我亲爱的妻子和她的朋友在法国一个十字路口与一辆卡车发生了碰撞，两人都当场死亡。我失去埃尔西的时候是82岁，感觉那时自己已经和她一起死去了。

9

游戏结束

作为一个未亡人，无论何时我展望未来，所能看到的都只有黯淡的最后岁月。独自一人的生活和一日不如一日的身体，让我确信自己只能活到85岁。我似乎没有活下去的意义，也开始逐渐减少为未来生活的准备。

在妻子去世后不久，我出版并发行了最后一期期刊，因为没有精力继续经营下去了。这项我曾经无比热爱的事业现在看起来只是一份琐碎的工作。它对我来说已经不再重要了。现在回想起来，那段时期我明显是抑郁的。但处于悲痛之中的我很难做到清醒地看待事物。主宰生活的是我已经失去的东西。

在此期间，仿佛是为了维持之前生活的表象，我继续着每周划船6天，参加世界老将赛艇比赛的生活。我参加的是80岁以上的年龄组，不可忽略的事实是这个组别的竞争相对较小，有时我会在船桨还没有下水之前就确定自己会得到奖牌。然而，我的表现持续令自己失望。虽然认真训练，但还是感到力不从心。我的肌肉渐渐消失并转化成脂肪，体重日益增加，这都让我徒增烦恼。似乎无论是在水上还是地上我都一败涂地，这让人很难接受。当时，赛艇算是我拥有的全部了。

自我反思的某一瞬间，我决定，或许可以在当地的体育俱乐部找一份工作，振作起来。这个想法意外地给我带来了一丝希望。我敲了秘书办公室的门等待她喊我进去，这种感觉我很久以来都没有体会到了。

我说："我想请问是否有什么工作岗位能提供给我。"

她上下打量了我一番，仿佛要找到我可能是在开玩笑的迹象。过了一会儿，她问："比如什么工作？"

我回答说："什么工作都可以。"

秘书和我对视了很久，这实际上让我找到了自己的答案。我是一个80多岁愿意并且有能力工作的人。当时我觉得自己甚至愿意志愿参加火星之旅。我对生活的看法和找工作的预期差不多，这样看来，游戏结束了。

没有工作要忙，便有了很多机会来仔细思索考虑自己的现状。我开始意识到自己的退休生活与期望中的截然相反。当然，失去妻子不在我的计划之中，但没有工作和衰弱的身体状态让我感到非常迷茫。我缺少支撑，没有目的也没有目标。我甚至没能在85岁去世！年复一年，我变成了一个脾气暴躁的老头子。虽然关闭了诊所，终结了期刊事业，但我仍然是许多牙科协会的成员。因此，我能够收到从期刊到年会记录等资料信息,及任何条例、规定或者我能找到的论点进行争辩。通过卖弄学问和点评,我成了一名高产的专栏作家。为什么?答案很简单,而且我一直知道:我只是想做点什么。

纵观这一生,退休之前我没有失业过。而在80多岁的时候,我本应该享受退休的乐趣,却仿佛进入了一个幻象中。我既无聊又不爱动弹,这都加快了身体机能的进一步退化。每个冬天我都会感冒,而且每次恢复的时间都要比上一次更长。在财务上,我可以依靠医疗保险和养老金,像我这样十分不幸没能死掉的人对于提供保险和养老金的人来说是种负担。事实上,对于为我提供养老金的保险公司来说,我只是一个不能带来回报的赌注,是那些日益增多、破坏了保险公司的商业模式的老家伙之一。

我不停地在房间踱步,在更大的背景下思考自己的现状。当然,不只我一个人发现想要过优质的晚年生活就得去奋斗。为了打发时间,我开始阅读关注的相关问题的文章,从养老金行业的经济不可持续性到老年人缺乏活动导致的身体和精神状态。作为皇家医学学会(Royal Society of Medicine)的终身会员,我安排了大量来自世界各地的研究摘要送到自己手里,主题包括衰老、运动、锻炼和老年人锻炼肌肉所需的营养供应。

渐渐地,我意识到情况不能再这样继续下去了。医学界关于老年人训练和锻炼方面研究十分有限,我总结了自己的想法并从中提炼出一个基本观点。简单来说,我们给退休下的定义不过是缓慢的死刑。

我意识到,为了子孙后代,我们必须改变退休的老旧观念。

讽刺的是，退休本身是一个相对年轻的概念。它是在18世纪中期形成的，当时美国产业开始出现公有和私有体制。工人们可以通过在工作期间向某个机构存款，来获得晚年生活的保障，同时确保了劳动力市场的健康发展。在此之前，人们都想要留在工作岗位上，直到有足够的钱退休或者死亡，所以这个具有吸引力的选择很快就成了我们生命周期里的固定模式。

很快，欧洲也加入其中。德国在20世纪首次提出退休年龄是70岁，而当时的平均寿命是46岁。在这种奇怪的，甚至可以说是滑稽的情形下，出于对某位重要科学家评论的广泛误解，1916年德国的退休年龄减到了65岁。奥尔森教授（Professor Olser）在牛津大学演讲期间提到了安东尼·特罗洛普（Anthony Trollope）的一部反乌托邦小说《固定期限》（*The Fixed Period*），小说讲述的是某个岛屿上认为男性居民到了中年就是无用的，并会对他们处以安乐死。虽然奥尔森只是轻描淡写地提到这个例子，但媒体却抓住不放。幸运的是，政府并没有采取这种激烈的措施，而是在适当的时候对退休年龄进行了下调，依据的就是这部虚拟作品中提出的观点。从那时开始，用以安度晚年的退休金的概念才开始渗透到公众意识中。然而，就在第二次世界大战之后，退休的相关举措开始疯狂蔓延。

随着数百万的士兵被遣散，对工作的需求量超出了可容纳量。因此，政府承诺为老一辈的职工提供养老金来鼓励他们让出工作岗位，从而为劳动力市场腾出空间。由于当时的平均寿命也是65岁，所以整个体系完全处于可持续的状态。只要努力工作，并且足够幸运地比平均寿命活得更久，那么就可以多享受几年领取养老金的时光。

后来，由于医学、工业和社会的进步，人类的寿命更长了，于是我们目前的困境开始进入倒计时了。

1965—2005年，43个国家的平均寿命平均延长了9年。在此期间，这些国家的平均退休年龄却只增加了6个月。为了让退休模式能够维持下去，我们必须在退休前更加努力地工作。

可悲的是，事实并非如此。今天，每周最长的工作时长是48小时，每年还有额外11~15天的带薪假期和各种国家或者宗教节日。这样的工作量能够为25~30年的退休生活提供足够保障的资金吗？当然不能，而且其后果是毁灭性的。不仅无法使人获得期望中的后半生的保障，而且无论是国有机构还是私营企业，现有的养老金体系在财政上都是不可持续的。如果我们一生中三分之一的时间都不工作，而让其他人的孩子供养我们，那就太荒唐了。老年人口激增和全球人口的迅速扩张，使得现有的养老金体系入不敷出。

尽管如此，人们仍然坚定地认为自己在晚年时应该有足够多的空闲时间。

当然，有观点认为65岁以上的人不适合再工作了。在某些健康和社会经济因素的情况下看起来有道理，但其背后并没有什么科学基础作为支撑。对许多人来说，到达退休年龄与体格、身体健康或生产力并没有什么关系，但是目前看来令人满意的现代生活必然会在某一天戛然而止。就如同到了到期日，但这个日期却是由政府规定的，不考虑个体的差异。你可能是一家企业的管理者，前一天还在办公室工作，而后一天就是多余的，需要退休了。

第一部分　我的童年　65

这不仅是财务问题，还要继续生活几十年，你会有何想法？这样突然没了用处和自尊的情况会产生深远的影响，但很少有人做好了面对这些问题的准备。在我看来，人们需要的不是旅行或鲜花，而是一段心理咨询的时间，帮助人们接受将要面对的生活。

此外，依靠养老金生活的人几乎是不可能增加收入的。这是危险的，让自己处于一种不稳定的状态中。即使能够找到工作或者自行创业，但在绝大多数国家，退休者将面临国家基本养老金或者附加税的扣款。很简单，人们选择了依赖，而不是独立。

还有一个问题，就是养老金是否足够多。例如，在美国，全国养老金抚恤计划的资金缺口约为 4 万亿美元，是国民生产总值的 25%。这是一个可怕的鸿沟。据估计，养老基金的资产回报率大约为 7.5%，而国债，举个例子，利润却只有 2%。一些养老金有长期资金不足的风险，只有大量增加税收才能填补这一空缺，而当政客们得知真相后，他们只会把问题掩盖起来。养老金负债甚至不会出现在资产负债表上。

调查退休问题真相的过程中，我觉得自己被骗了。长期的带薪休假看上去很美好，特别是对于 70 多岁还在从事牙医工作、一直在出版行业工作到 82 岁的我。在工作岗位上奋斗了这么多年后，我们更加认为自己值得这样的退休生活。也许最大的诱惑点是，我们能够花更多的时间与家人相处（但为什么是他们要来面对满腹牢骚的我们？）、培养兴趣爱好以及去旅行，而国家和养老保险公司会为我们买单。从理论上讲，其中前景无疑很有吸引力，但严酷的现实是我们逐渐增长的寿命已经破坏了这个体系。不考虑个人生活中的任何阻碍会让我们陷入迷茫之中，而现实只有一条出路。

在我看来,社会并没有适应人口老龄化。比以前活得更久这件事也已经转向不利。现在活着的人中有20%预计可以活到一百岁,而且在绝大多数情况下,我们过了65岁依然很健康,并且能够继续工作。我在70多岁的时候灵活性出现了问题,但回头看来,这并不代表着我必须关闭诊所,只是我最终进入退休生活之前所做的事情。只有这样,我才能正视现实。如果没有那段失去埃尔西之后的黑暗岁月,我甚至会继续自己的期刊事业。然而,当接受痛失所爱的事实并试图重新开始工作时,我才清楚地认识到任何尝试都是徒劳的。在社会的观念中我太老了,这在我看来是当今社会的不公平现象。与对世界做出积极的贡献相反,我没有任何期待,只觉得自己是个彻头彻尾无用的人。

我并非特例。人类破坏了衰老的快乐和神奇,把它变成了残酷的退化和疾病的代名词。现在的老年人超重、过度依赖药物,身体和精神都萎靡不振。这是怎么发生的呢?

我们的身体仍然接近旧石器时代的人类,当时还是采集者和狩猎者。食物是如此稀缺以至于一切能找到的都被消耗了。多余的热量作为脂肪被储存下来,但只有这样我们才能在下一次饥荒中生存下来。由于身体和精神活动剧烈,不必要的活动就被避免了。今天,尽管食物过剩,我们的生存也不再依赖于剧烈的身体和精神活动,但本能仍然告诉我们要吃掉更多的食物并且尽可能避免活动。过去这些本能使我们生存下来,现在却正在摧毁我们。

虽然我冬天患上的感冒越来越难痊愈,但我发现并且也有证据表明,这个阶段出现的任何疾病都是年龄造成的观点是错误的。

事实上，缺乏活动才是罪魁祸首，比如我放弃了期刊事业后体重就增加了。为此，我们必须认识到：工作、健康和幸福是紧密联系在一起的。统计数字显示，雇佣关系和低疾病负担相关，而失业者则会更频繁地去看医生，对于老年人来说尤其如此。为什么？因为退休通常伴随着日常规律活动的缺失，同时也意味着工作中精力消耗的下降——而这正是健康生活的根本。因此，那些放弃事业选择退休的人患慢性疾病和抑郁症的危险会增加，这一事实也没什么好让人意外的。在我看来，退休更像是疾病和健康问题的孵化器。它是一个社会实验，并且导致了非计划内的消极后果。换句话说，工作可以说是一种治疗。无论年轻与否，工作都能够逆转与失业相关的不良健康影响。

我认为，大家滥用了退休的作用。它是一个负担不起的存在，不仅大规模增加了患病人数，还将摧毁现有的医疗体系。退休还否认了那些有潜力、有专长的退休人员的存在意义。从根本上来说，是一种毁灭性的人才浪费。作为一项有着良好出发点的社会实验，退休现在对社会、经济和个人造成了灾难性的影响，已经走错了路。事实上，其导致我们的生活水平下降了20%。如果人们继续坚持在65岁的时候退休，并且一定要依靠国家和私人基金生活，那就需要增加税收和捐款为其提供资金。坦白说，选民们是无法接受这一点的。然而，如果没有这些，我们只能寄希望于国债、国家负信贷评级风险和医疗成本潜在上限的增长。其对个人健康的损害不仅源于退休人士没有工作，还因为缺少身心活动，在这层伪装下，退休对任何人来说都没有好处。

好消息是，有一种补救方法可以惠及个人以及更广泛的社会当中。在一切都分崩离析之后，我发现自己处于人生的低谷，但仍有什么东西阻止我放弃一切。部分是出于对自己现状的愤怒，以及每次照镜子时都会让我感到困扰的、长期存在的虚荣心，我开始采取措施改变自己的生活。也由此重新找回了自我，照亮了未来，并且开辟出了一条我相信任何人都可以效仿的道路，只要他们愿意。令我感到惊讶和自豪的是，我发现这个方法在每个阶段都是有成效、可持续并且有收获的。

也许在开始重塑自我的时候我并没有意识到这一点，但最好的年华已经悄然而至了。

第二部分

第二人生

10

新的开始

说来奇怪,我了解了退休的真相后,反而变得更加积极了。虽然得出结论花费了一些时间,但过程是振奋人心的。

我希望做出改变,而且不只局限于个人层面。也不仅我一人认为好像是年龄在某些方面阻止了老年人发挥自己的潜力。长期以来,我们都把老年人看作是需要长期赡养却毫无贡献的一个群体,这在我看来非常荒谬。作为社会的一员,我在 80 多岁的时候几乎没有做出什么贡献,但在度过了低落抑郁的那一年后,我如获新生。仔细考虑了退休金危机及其带来的相关健康问题后,我开始进行更多建设性思考。让老年人停止工作腾出工作岗位的观点必须被让老年人能够发挥自己的优势和真实潜力的观点取代。渐渐地,我越来越专注于三个领域,我相信它们将会共同支撑起我称之为"成功老年"的成果。下面我将依次进行探讨。

工　作

每年，英国大约有 65 万人步入 65 岁，然后离开工作岗位。此外，超过 1200 万人处于享受国家养老金的年龄（目前男性退休年龄为 65 岁，到 2018 年女性退休年龄将从 62 岁上提至 65 岁），几乎是英国总人口数的五分之一。这意味着领取养老金的人数比 16 岁以下儿童的人数还多，而且这一数字还将继续增加。

在英国，未来 25 年间，60 岁及以上的人数预计将增加一半以上。到 2031 年，这一数字将超过 2000 万。到时可是一大批老年人。

这些现象很容易被看作是生活质量提高的证明，毕竟我们的寿命比任何时期都要长。但我担忧的是，我们在这段增多的时间里究竟做了什么，以及对社会造成的影响。一个国家的未来经济实力取决于多个因素，其中一点就是劳动力占人口的百分比。那些预计老年人比重将增大的国家经济发展前景比较堪忧。老年人不仅无法进行生产活动，还是医疗卫生公共服务的巨大负担。我的解答非常简单：让失去工作的这一代人重新工作。

我们都知道，失业会造成慢性疾病和心理问题，以及身体不适、残疾，更多的医疗咨询、药物和住院治疗。虽然老年人往往被认为是脆弱的，但他们可能遭遇的任何问题都与退休紧密相关。与工作伴随的有益健康的身体需求都消失了，例如出差和奔波于会议间等，结果导致退休人员在各方面都不活跃。

对于任何角色和行业，工作都是一种治疗。有时候看上去可能不是这样的，但深层次的好处往往没被发现。除了固有的改善和维持身体健康的部分，以及促进心理健康和社交能力的作用，它还是自我价值、家庭尊严、身份和社会地位的决定因素。

很难从理论上说清让老年人重返工作岗位的经济意义。事实上，这个议题也不可避免地遭受了多方面的阻碍。提高退休年龄和减少退休金从政治角度讲很难实现。然而在实践中，可以通过为退休人员提供再培训或新的机会，帮助他们以现实、有意义、有价值的方式重新参与到工作中，使其更有竞争力。同时，我们必须更广泛地标榜工作的好处，这样它就不会成为在我们失去目标时经常困扰的折磨。活动、财富和鼓励的增多只会让晚年生活更加幸福。问题是要以积极的方式定义工作的概念——毫无疑问工作是对个人来说是有益的——并帮助老年人在各个层面都能感受到重视和与周围的联系。

虽然在退休年龄工作的好处被低估了，但我认为对衰老和无所事事的恐惧也被完全忽略了。这种恐惧是由"失去"来定义的，它包括从社会地位到赚钱的满足感的失去以及缓慢的身心衰退。例如，如果我们关注与痴呆有关的数字，即从退休年龄开始，每隔5年病例数就会增加一倍，就会发现实际上老年人的手中正握着一枚定时炸弹。令人惊讶的是，65~74岁年龄组中，87.9%的人患有慢性疾病。超过四分之三的医疗支出用于治疗老年人，这是巨额的社会成本。

正如我们所见，人体具有强烈的可塑性，通过特殊训练和饮食调整可以让一个人在晚年重塑格和精神力量。反过来说，这不仅能预防我们的状态下降，还能促进身心健康。因此，老年工作以及对医疗体系的需求减少都是可以实现的。

此外，老年人群体也是一个日益增长的政治力量。在美国，65岁以上选民的人数占投票总人数的17%，但由于老人们更经常地参与投票，因此他们在投票选民中所占的比例已经达到了20%，接下来的20年里，这一数字还将上升到30%。政治家和那些寻求创新方法以满足老年人需求的人物们会发现，眼下这种社会状态对他们来说是应该一种优势。

年老可以成为一个令人难以置信的机会，而不仅仅是不可避免的终结（即死亡）到来前的一段衰老又哀伤的时光。我相信未来的几年老年人群体和相关产业、行业能够成为一份资产，而不是一种负债。人才开发以及未来的工作环境都将会使工作年限超出迄今为止所能想象的长度。在很多方面，步入晚年并不是结束，而是一个崭新的开始。

老年人比年轻人还多了一个优势，55~65岁常常被视为最适合创业的年龄。我自己也为这个数据贡献了一份力量。我开始自己的期刊业务时，同龄人已经考虑放慢脚步，而我却汇集了多年来的经验、智慧和信心，把副业变成了赚钱的事业。如果我还年轻，是无法实现这个可能的。在大多数情况下，完成一个项目的时间和信心是和年龄有关的。虽然在创业公司发展初期，年轻创始人和老年创始人的表现可能并无差异，但五年后依然存在的企业中，大多是由后者建立的。

当然，创业并不适用于每个人。我也很清楚，许多人觉得没有比在他们讨厌的职务上再工作几十年更糟糕的事情了。在我看来，我们可以把退休看作一个审视过往、展望未来的机会。很多时候，我们都是在此时做出生命中至关重要的决定的。也许这是重新培训的时候，或者尝试一份基于自身的技能、天赋和创造力的新工作并扩展开来，作为新的挑战。当然，每个人都是不同的。有些人总是渴望承担新的责任，而其他人可能只是很高兴自己能够到一个仅仅能让自己感到受重视和有活力的岗位或者地位上。

为了实现这一目标，我们需要一个让老年人能因其智慧、经验和工作的热情而受到欢迎的环境。这需要所有政府机关和公民进行慎重的讨论，因为最后为此买单的是纳税人、雇主和雇员。

要说服每个人必须工作更长时间、延迟退休，并放弃更多用于晚年给自己提供保障的养老金不是一件容易的事。但我们应该改变自己对退休和老年的态度，不再将其视为放松下来、依靠国家提供福利的理由。晚年应该是发展新才能、继续学习的时候。学习可以预防端粒（telomeres，DNA 链末端片段，起到保护染色体的作用）变短。端粒变短对健康有负面作用，因此学习有益于健康。此外，

这也是我们应该更负责地对待健康的时期。

营　　养

首先，我们来区分一下营养和饮食。当谈论吃的食物时，我们关注的是饮食。营养关注的是食物的成分，及其对健康的影响。当然，饮食和营养同样重要，但我认为我们应该把营养视为成功应对衰老的关键因素。在我看来，抗氧化剂如维生素 C、维生素

E和维生素A原（β-胡萝卜素）都起着至关重要的作用，有着同样作用的还有叶酸、维生素B6、维生素B12、锌、钙和维生素D。这些营养物质都可以从合理的饮食计划中获得。不幸的是，在这个时代，我们对待食物和营养物质的态度导致了前所未有的健康危机。

作为人类，我们就如同旧石器时代的采集狩猎者。今天，即在21世纪，能够更好地适应有活力的生活方式的人才可能更长寿，患慢性病的风险更低。然而，在当代西方社会中，大多数人的日常活动耗能仅为祖先的38%。虽然大量的耐力运动延长了寿命，但我们的运动量还是不够。如今的生活方式造成了能量失衡，这无疑会导致慢性病。同时，环境污染急剧增加，导致农产品营养不良。虽然人类的祖先能量消耗大，但他们的食物富含维生素和矿物质，不像现代食物中含有大量的热量。除了需要狩猎和采集食物外，食物的种类也不丰富。因此我认为，当时祖先们拥有更好的体型并非偶然。但这并不是说我们应该像食物贫乏的年代那样接受粗劣的饮食，尤其是在营养对健康和幸福如此重要的这段时期。

众所周知，养成坏习惯是一件很容易的事情。为了方便，我们可能会选择加工食品或快餐，但这样做，就是忽略了脂肪和额外能量的可怕。据估计，50%的美国人和加拿大人都处于超重或肥胖的状态。如果按照这个趋势发展下去，到2048年这个数字将会变成100%，而且其他欧美国家也难逃这个结果。

欧美国家的人们普遍面临体重的大问题。由于不良的饮食习惯和缺乏运动，人们的腰围正在不断长，这实际上是在自杀。而这一点在晚年最为明显,与体重有关的疾病会导致相关的并发症,并影响我们的生活质量。

当觉得自己可能超重时,大多数人会担心腰围问题。事实上,真正的警钟是以内脏脂肪的形式出现的,而这常常是健康的潜在威胁。脂肪会侵入内脏器官,如肝脏、胰腺、肠、心脏和肾脏,甚至肌肉间也会有脂肪,就像早餐吃的熏肉火腿一样。显然,如果器官已经被脂肪侵入,那就无法正常工作了。此外,内脏脂肪还会产生毒素。例如,被称为白细胞介素-6(interleukin-6)的物质不仅会破坏激素的正常平衡和功能,还能引起全身慢性炎症。老年的这种病症被称为"炎性衰老"(inflamm-aging),它与免疫系统的退化有关。再加上内脏器官的功能障碍,就会引起慢性疾病。这种现象需要让我们所有人都要停下来思考,其也可能会成为所有疾病中最大的"杀手"。

不良饮食和久坐的生活方式导致的肥胖是糖尿病的主要原因之一。糖尿病的并发症通常是致命的,例如心脏病或中风。此外,还有失明、肾衰竭甚至截肢的风险。甚至有一些研究表明,肥胖人群可能会出现大脑前额叶的萎缩!而最令人恐惧的是疾病的广泛程度。

目前,糖尿病正在遍及全世界,影响世界人口的8.5%。值得一提的是,许多专家认为,世界范围内只有半数的病例被诊断出来,而且这个数字正在迅速增长。在美国,糖尿病诊断率比10年前增加了90%,相关的医疗费用较同期翻了一番。此外,发达国家的饮食和生活方式快速影响了发展中国家,如中国、印度和印度尼西亚。目前,仅是中国就已经有10%的人口(即1.34亿人)

患有糖尿病。简而言之，我们正在吃出疾病，还给医疗体系造成了巨大的负担。

在欧洲和美国，糖尿病的治疗成本高达数十亿。这已经占了世界医疗保健费用的 11.6%，坦率地说，这是不可持续的。如果你认为自己的医疗保险可以承担治疗费用，那你可能错了。事实上，现有的医疗体系很快就会入不敷出。未来，你可能会不得不至少支付部分的治疗费用。既然与饮食习惯相关的疾病可能会让自己破产，下次还是点一个便宜清淡的汉堡吧。

对于超重的人来说，通过饮食和运动可以减掉其皮下脂肪和内脏脂肪。这样做不仅可以避免患上慢性疾病，也能为对抗糖尿病的流行做出贡献。

毫无疑问，吃的食物对我们晚年的生活质量会产生巨大的影响。例如，肌肉质量会随着年龄增长而下降，因此应该多吃富含蛋白质的食物，比如鸡肉、鸡蛋和肉（个人观点），再结合特定的运动方案，将有助于重塑失去的肌肉。老年人倾向于吃富含碳水化合物的食物，如土豆和面包。

当然，平衡是所有饮食方案的关键。这意味着富含碳水化合物和蛋白质的食物要结合起来，既不要太甜，也不要太咸，既不要过量，也不要含有太多脂肪！最后，谈及营养和帮助你量身定制饮食方案的专家，那就是你的医生。医生会把你的健康和幸福放在第一位，帮你制定并修改出一份合理的饮食计划，还可能会为你推荐一位营养师。如果你喜欢，可以将其当作一种助力，帮助成功应对衰老。

运　动

　　过往的经历让我明白，虚荣是一种非常恶劣的性格特质。我的确不喜欢人生的某些阶段自己的样子，在快 90 岁的时候，这种情况再次出现了。通过适当锻炼改善外表的过程中，我发现健康的身体成了额外的收获。这份收获是全方位的，因此我鼓励大家考虑一下成功应对衰老的好处。

　　我们知道，肌肉质量是随着年龄的增长而流失越多。老年性骨骼肌减少症（sarcopenia，也称骨骼肌衰老、少肌症等）是老年时期最易令身体衰弱的一个因素，甚至被归为疾病。我们对老年性骨骼肌减少症的本能应对措施是锻炼身体，但从维利和查理斯·D 的情况可以看出，划船这类的有氧运动是无效的。我们所需要的是重塑肌肉，而这可以通过增肌训练来实现。这里所说的是剧烈的、有规律的力量或阻力训练，以促进肌肉生长。

　　这个再生过程会释放信息物质到大脑，并最终促进生长激素的释放。从我个人的经历来看，结合蛋白质和氨基酸类营养品时，会产生深远的、令人受益一生的效果和广泛的益处。下面我将依次为大家列举。

- **延年益寿**：一项为期 20 年的研究表明，定期锻炼可以降低过早死亡的风险。总之，如果你体力活动多，那么长寿的概率就大。

- **预防疾病**：运动是预防疾病的主要因素。虽然应该强调的是，遗传等因素会影响个体反应，但研究表明运动可以显著降低某些疾病的风险，包括心脏病、中风、结肠癌、2 型糖尿病和高血压。

- **缓解慢性疾病**：通过规律的、有目的性的运动，可能或已得到改善的情况会越来越多。值得一提的是，有20%的老年人被认为是力量或增肌训练的"无应答者"，但其他的"有应答者"会发现其效果不仅是机体功能的改善。和老年性骨骼肌减少症患者一样，运动对于患有心脏病、慢性阻塞性肺疾病（COPD）、肺病、乳腺癌、肠癌、脑血管疾病、糖尿病、类风湿性关节炎、骨关节炎和骨质疏松的患者也有益处。

- **促进脑细胞发育，改善认知和记忆**：运动能够刺激新的脑细胞形成，而学习新东西也对神经系统大有裨益（接受新挑战永远不晚！）。研究人员发现，运动刺激的大脑区域负责记忆和学习。定期进行体能运动的老年人在测试决策能力、记忆力和解决问题的能力时表现更佳。简而言之，运动不仅可以改善身体，也能通过促进脑白质改善大脑。

- **改善性功能，体验更好的性生活**：如果你定期运动，就可以保持甚至改善你的性生活。肌肉力量、紧张度、耐力、身体组成和心血管功能的改善都可以增强男性和女性的性功能。研究人员发现，经常运动的男性不太可能患有勃起功能障碍和阳痿。阻力训练和增肌训练也与睾酮增加有关。

- **运动是强有力的抗抑郁药**：多项研究表明，运动能够促进心理健康，缓解抑郁症的症状。需要注意的是每周有3~5天进行至少30分钟的运动才能明显改善抑郁症。但如果你想改善自己的老年生活，就要每周都至少达到这个程度，而且多多益善。

- **保持心血管健康**：缺乏身体活动是心血管疾病的主要因素之一。定期锻炼会让你的心肌和其他肌肉一样变得更强壮，耐力运动尤其有效。一颗强壮的心脏能够耗能更少，泵血更多。

- **降低胆固醇**：运动本身不会像消耗脂肪一样燃烧胆

固醇。然而,运动能够通过降低低密度脂蛋白(有害的)胆固醇、甘油三酯和总胆固醇的含量,增加高密度脂蛋白(有益的)胆固醇的含量,从而改善血胆固醇水平。提倡的锻炼方法是有氧运动、阻力运动与饮食控制相结合。

- **预防和控制糖尿病**:权威证据表明,适度的体力活动联合减肥和均衡饮食能让糖尿病发展的风险降低50%~60%。运动对血糖控制的效果尚未得到证明,但是许多情况表明有氧运动和阻力运动分别有助于降低糖尿病的风险并对其进行控制。

- **降低血压**:有氧运动对高血压患者的血压有较大的改善。但也有证据表明,运动可能会导致一些人的病情恶化,这也是在采取任何形式的运动之前都要先咨询医生的原因。

- **降低中风的危险**:研究数据表明,中等强度和高强度的身体活动能够降低所有类型的中风风险,包括缺血性中风和出血性中风。一项研究表明,活动强度大的个体的中风发病率比平均发病率低27%。

- **控制体重**:定期运动可以帮助你达到并保持健康的体重。如果一天中摄入的能量大于自己所需要的能量,那么运动可以消耗掉多余的能量并控制体重。运动加速了能量消耗的速度,导致新陈代谢加快。当你通过运动加快新陈代谢时,这一天的大部分时候都会保持着比这更高的代谢速度。因此运动与饮食控制相结合是减肥最好的方法。

- **强壮骨骼**:有活力的生活方式有益于增强骨密度。常规的负重运动促进骨骼形成,延缓骨质流失,并且可以防止骨质疏松——与衰老有关的骨质流失。不幸的是,对于女性来说,运动对骨质疏松的预防作用并不理想。

- **更好的夜间睡眠**：如果你的睡眠质量不佳，那么每天运动可以改善此情况。运动后的 5~6 小时，体温自然下降有助于入睡。

运动既是预防措施，又是治疗方案。我还发现它也是良好的推动力量，我对于那些证明参加剧烈的竞技体育运动能够延长寿命的研究非常感兴趣。不仅运动更加激烈（极大地提高成功应对衰老的能力），而且竞争环境能够使肾上腺素飙升、应对技能、团队合作、友谊、自信和巨大的成就感。我认为年龄增长只是有更多时间让我通过开启新的运动和追求来拓宽自己的视野。如果我能做到，那么你也可以。

总之，运动不仅能成功改善老年人的健康，还有助于疾病预防和治疗。有了工作、饮食和运动，我相信你的身体在任何年龄都能够实现完全重塑。

在 87 岁的时候，我走出了那段凄凉的生活，感到自己更加聪明、豁达，正是通过上述三个方面实现的。

11

更强壮的身体!

在埃尔西去世后的几年里,唯一能让我有所依靠的事就是划船。尽管大部分时间我都沉浸在孤独之中,不是思考退休的危险,就是自讨没趣地给牙科协会写挑衅信,但我仍然定期去划船。

虽然表现呈现出稳定的下降趋势,但我没有放弃。从很多方面来看,赛艇对我来说就是一条生命支柱。它不仅提供了社交的机会,还让我感受到作为船队的成员,自己是被需要的。我在六七十岁的时候一直是一名很有吸引力的桨手,因为我的年龄可以让所在的船队参加更高年龄组的比赛。到了 80 岁,我的吸引力有增无减!尽管贡献十分有限,但我的存在对于比我年轻几岁的船员来说是一件好事。当然,我们都是退伍军人,但他们的实力让我痛苦地意识到自己的不足。

于是我下决心做点什么。

在所有关于衰老以及探索将其转化为有价值的研究中,我尤其被人体物理机能退化的原因和影响吸引。从 55 岁开始,我们就会失去肌肉,脂肪增多。这正像我在划船训练期间经历的情况。我每周将近 6 天时间都在划船,但却再也不能呈现出令人满意的表现。我不想只是单纯地接受这样的现实,于是极力寻找尚未失去的所有。于是,在 86 岁的时候,我摆脱了赘肉,现在拥有的肌肉是我的同龄人想都不敢想的。

而我知道自己不能独自享受这个成果。

"你想做什么?"

我去找的那个人让我重复一遍。因为周围有人在举重,清晰的叮当声和呼噜声淹没了我的声音。

我对他说:"我想要健美的身材。外面有许多 70 多岁的美女,我想吸引她们的目光。"

对方沉默着看了我一会儿。他剃了个光头,颈部和躯干鼓鼓的,像是被钢筋绑在皮肤下,叉着手打量着我。

"健美的身材,"他重复道,似乎想确认自己听到的话,"先生,您多大年纪了?"

我没有理由对真实的情况遮遮掩掩。

"你能帮助我吗?"我补充说,完全没有心情浪费时间。在我这个年纪,已经没有这种奢侈了。

我来到苏黎世的一家健身房拜访弗朗索瓦·盖伊(François Gay)。作为一名健美运动员,他攀上了职业生涯的顶峰,被授予"宇宙先生"(Mr. Universe)的称号。为了改变我的外表,首先找到一位真正知道应该做什么的人似乎是我唯一明智的选择。他的身材真的是毫不夸张的倒三角形，他湛蓝的眼睛审视着我松垮的、饱经风霜的身体。

片刻之后，他说："把衣服脱了。"

如果这个要求是一项测试，那么我不至于在一开始就失败。摘下眼镜后，我把衣服脱到只剩内衣，然后站在那里像在等待军事体检一样。我很清楚自己根本没什么体型，但在他审视我可怜的身体的时候，我还是注视着前方。最后，弗朗索瓦点了点头。

他告诉我："这可不容易，你确定知道自己在做什么吗？"

我说："无论付出什么代价我都要这样做。我没有工作要忙，所以一切都听你的。"

他的脸上闪过一丝笑容，然后列出了要求和条件。据他所说，他会为我制定一份计划，前提是我完全遵守他的建议。他向我保证运动强度会很大。毫无疑问有的时候我会讨厌他，但如果我想拥有迷人的身材，就必须遵守这份计划。我毫不犹豫地同意了，并感谢他愿意帮助我，然后带着我究竟做了什么的疑问离开了。

我为体能挑战做好了准备。因为对自己糟糕的体型日益厌倦，也明白想要达到预期的效果，就必须强迫自己突破极限。为了燃烧脂肪、重塑肌肉，我很清楚自己必须比同龄人付出更多的努力。就算是处于黄金期的人也没有捷径，因为这就是现实。令我感到困惑的是，弗朗索瓦在他制定的计划中要求我每周休息2~3次。划船是一项耐力运动，作为桨手，在过去的几十年中我每周都训练6天。现在，我被要求在每次健身之间休息，什么都不做。我意识到，对于力量训练来说，恢复期正是肌肉形成的时期，但这让我觉得不太舒服。尽管如此，我还是决定尊重弗朗索瓦的要求，并以此向他证明我是可塑之才。

一身肌肉的教练为我安排的第一个任务是减肥。首先要减下去的是脂肪，通过结合高强度运动和改变饮食习惯来燃烧脂肪，我全心全意地接受了挑战。在饮食方面，弗朗索瓦建议我完全戒掉含脂肪、含盐或含糖的食物，并单纯减少餐时的进食量。我严格遵守他的建议，每周到健身房锻炼3次。他为我规定的运动项目包括用器械做连续的阻力训练，这种强度正是我所希望的。每组动作我会重复8~10次，做动作时专注于自己的肌肉，从肱二头肌到三角肌、臀大肌、腘肌和腓肠肌等。盖伊先生也列了一份书面的健身计划，我按照指导将上面的提到的每一块肌肉锻炼到疲劳点，再锻炼下一块。

通过努力，我每个月称体重的时候都会发现自己减掉了1公斤。这个过程持续了一年。一年后我已经减掉了12公斤，而且开始看到明显的效果。我看上去好多了，至少在我自己看来好了许多。弗朗索瓦甚至认为我已经接近于"健身达人"了。坦率地说，这个成果令我感到震惊，同时也非常满意。这种幸福感不应该被低估，因其与通过身体活动产生的各种激素的刺激有关，其中一些激素在青春期会自然产生。在美国，医生可以为老年患者注射睾酮，让他们变得年轻，但这种治疗方法价格不菲，而我为自己找到了免费的抗衰老方法！作为奖励，额外惊喜的是，我的性欲也恢复了。简直令人难以置信，我甚至发现自己性器官周围灰白色的毛发也恢复了本来的颜色！一根忽明忽暗的蜡烛现在开始再一次明亮起来是什么感觉，而且还不止这样。尽管如此，我现在的身体状态还没有达到能够让那些有着难以形容的诱惑力的70多岁美女惊掉下巴的地步。我只有一个选择,那就是更加努力地锻炼。

接下来的一年,我泡在健身房里,很少暴露在高山阳光下,导致维生素 D 缺乏。这很容易通过饮食得到补充,但我不止在饮食中补充了维生素 D。弗朗索瓦坚称,如果我想要肌肉生长,就需要额外的蛋白质。他解释说,老年人的蛋白质合成减少,因此必须想法改善,包括某些氨基酸,例如亮氨酸(leucine)。我把自己完全托付给他,所以听从他的建议,开始服用添加了乳清的蛋白粉。一开始我对此有所怀疑,但从结果来看,我体格上的改善证明了重视饮食平衡是正确的。过去的脂肪现在变成了肌肉,但我并没有觉得自己完成了任务,而是更加坚定地花大部分时间泡在健身房里。

现在,弗朗索瓦建议我在锻炼时加入自由举重训练,以提高身体的协调性和平衡性,我愉快地接受了建议。我严格按照指导自主锻炼,在家的时候也会抽时间进行举重练习。

你可能觉得我在这样的环境里显得格格不入,没关系。毕竟我是一个快要 90 岁还在拉伸胸肌的人,我坦然接受那些或好奇或质疑的目光。许多来健身的人需要平衡健身和工作、家庭的时间,而我至少可以自由分配健身的时间。事实上,健身房成了我的办公室。

当然,我仍然继续划船,只不过训练的时间有所减少。和我一起划船的伙伴惊叹于我的体格变化,而且划船时我也感到自信心爆表。然而,不能忽略的是,我的表现与我为自己设定的目标仍然有一定的差距。在我看来，相对于付出的努力和在饮食上做出的妥协，我还能做得更好。一些器械会标注对应训练的肌肉部位，应该是很有帮助的，但不知为何，作为一个整体，他们没有像我想象得那样同时生效。这让我想起了几十年前在美国进行的一段对话，当时我把自己心爱的雪佛兰轿车换成了后来陪伴我回到欧洲的奥兹莫比尔。

"我的钱能买到什么？"我问前台的销售员，因为折价买车所需的钱比我的雪佛兰还多出2000美元。

销售员盯着我就好像答案在盯着我的脸。他把手放在奥兹莫比尔上，对我笑了一下。

"更多的车。"他回答道。

我永远忘不了他为我解惑的简单回答，当我思索自己从那个出现在健身房里的衰老的怪人到现在走了多远时，这个回答总是在我的脑海中回响。经过了两年单车训练和力量训练，我开始怀疑这是否真的是达到目的的一种手段，又或许是通往更好状态的垫脚石。我拥有了一个令人羡慕的外形，但为了能划好赛艇我寻求的是体能上的改善。

我拥有了体格，但缺乏体能。我需要更强壮的身体。

我思考了一段时间。之后，由于肌肉撕裂我被迫彻底休息，在此期间我制定了一份行动计划。在有弗朗索瓦指导的这段时间，我保持着一个相对规律的训练，他每周会检查一次。期间实际上我是自己健身。我的受伤不是任何人的过错，因为在锻炼时过于用力，之前又没有为手头的任务做好准备活动。这就好比我把一个气球吹得太大，忽略另外自己的承受能力。如果我想实现自己真正想要的结果,而且这个结果无法在健身房获得,那么当重新开始的时候,我需要的是一位体能方面的专家陪在我身边。作为一个健身导师,弗朗索瓦的能力无与伦比,他可以继续他辉煌的事业,指导像帕丽斯·希尔顿(Paris Hilton)这样的客户。他帮助我走上了重塑自我的道路,我做梦都想不到会有这种可能。但是对现在的我来说,是时候更进一步了,就在这时候一个强大的女人进入了我的生活,并立即使之天翻地覆。

12

我自己的比赛

"查尔斯，你的臀部看上去简直是糟糕至极！"

我转过头，无奈地看着残酷评价我的人。经过了几年的健身后，我不觉得自己的背影看上去那么糟糕，但我的新教练显然不是这么想的。

"那你能挽救一下吗？"我问道。

我已经89岁了，即将要接受一位金发、穿着运动装的前奥地利国家体操运动员的指导，她比我小将近30岁。从那一刻起直到今天，西尔维亚·贾提克（Sylvia Gattiker）从没有对我说过哪件事是不可能的，而我们的训练就这样开始了。

是西尔维亚联系的我。在我询问一项测试力量和灵活性的比赛之后的某一天她给我打来电话。在健身房挥洒过汗水后，我很想看看自己在比赛中的表现如何。这个特殊的比赛很吸引我，特别是它还按照年龄对参赛者划分组别。然而，当我打电话询问自己是否可以参加并告诉对方我快要 90 岁时，我觉得他们的热情在一定程度上有所下降。西尔维亚不知道怎么听说我有兴趣参加比赛，并且主动与我取得了联系。无论她是被我一直试图恢复赛艇表现的健身经历所震撼，还是仅仅想要帮助一位有着糟糕臀部的老年人，我无从得知。然而，从我的角度来看，她独特地融合了运动领域和个人健身的经验，同时还所拥有运动科学管理硕士学位，这些都令我加深了对她的印象。随后，在我重建体魄的过程中，西尔维亚为我提供了衰老和健身方面的学术研究成果，这也极大地增强了实践性，让我能一直进步。

因此，我不再依靠器械增大、增强某块肌肉，而是专注于通过整组地锻炼肌肉进行增肌训练。西尔维亚在我身边，指导我做蹲起、卷腹、仰卧起坐、引体向上、俯卧撑、平板支撑、臀冲和弓步，这些健身项目不仅能够改善体形，也能够提高协调性和身体机能。在她看来，控制肌肉和力量练习能够为良好的健康状况和体能打下基础。用她的话说，功能训练是全面改善体能的关键。

在这段时间里，我了解到，即使一项简单的训练也可以用很多种不同的方式完成，并得到完全不同的结果。例如，一个简单的肱二头肌伸缩运动，即手心向上握住哑铃抬起放下，重复多次，可以提高耐力。增加阻力能够带来力量，而快速的向心运动（例如抬起哑铃屈曲肱二头肌）和缓慢的偏心运动（放下哑铃）能增强协调性。然后进行缓慢的偏心运动直到筋疲力尽，往往可以为增肌训练打好基础。我发现肌肉力量增强时其质量可以不增加，但肌肉质量增加时力量也往往会随之增加。和西尔维亚一起，我发现自己进入了一个全新的学习世界，并享受其中的每时每刻。

老年性骨骼肌减少症会导致体力、力量和肌肉质量的损失。缺乏的体力可以通过增强式训练（短时间发挥出最大力量）弥补，缺乏的力量和肌肉质量则可以通过增肌训练弥补。有一次在健身房，西尔维亚尝试耗尽我全部的肌肉力量。有一种方法叫作"金字塔训练法"（the pyramid），减小阻力重复动作直到力量耗尽，然后再次做重复动作直到力量耗尽。而另一种方法是训练到力量耗尽，休息60秒，然后在同样的阻力下重复动作。配合补充蛋白质和氨基酸，我发现第二种方法效果更好。几个月后，当我从镜中审视自己的背影时，开始觉得自己几乎已经可以准备好去沙滩秀身材了。不仅自己的外表看上去很健美、自信，而且更加结实、强壮，比任何时候看起来都要更棒。

我在西尔维亚的帮助下继续健身计划，甚至还去参加了最初让我们结识的那场测试力量和灵活性的比赛。我被划分在90岁以上的年龄组中，只有一个对手。虽然他没有什么挑战性，但我非常尊重他的参与。我只是希望能有更多像我们这样的人参与其中。距离开始重塑自我已经有近5年的时间了。我取得了巨大的进步，不断改善饮食，让自己能发挥出最佳状态。我唯一的遗憾是没有更早开始行动。我想，作为那时候第一个接受比赛挑战的人，如果我能做到，那么同一代的任何人都能做到。在我心里，轻松实现这样的目标没有任何问题。过去5年里我付出了心血和努力，但最终我感觉自己比同龄人年轻得多。

比赛通过一系列运动测试每一位参赛者，而所有这些运动都是我在西尔维亚陪伴下日常健身运动练习的一部分。虽然需要和年轻组的参赛者进行相同的运动,评分标准也相同,不过我的年龄还是为我争取到了一些优势。例如,在做俯卧撑时,我可以膝盖着地。同样地,在握住单杠做引体向上时,我可以双脚着地,而且举重的时候我比年轻的参赛者负重更小。虽说这只是预防措施,但的确为我减少了难度。我不仅获得了所在年龄组的第一名,而且总分超越了所有人!

当时突发奇想决定参赛,最后赢得了胜利,这对我自己来说是一个年度事件,从那次首次尝试起我便开启了冠军之路。

在划船方面,我继续严格要求自己。即使已经90岁,但我仍然决心做一名桨手。年龄仍然可以使我加入那些想要通过拉高他们的平均年龄来进入更高年龄组的船队,但现在我认为自己似乎可以再次做出贡献了。目前为止,我已经在欧洲甚至加拿大的赛场上获得了30多块老将赛的金牌。我为了重塑身体而付出的努力无疑为这样的成就贡献了一臂之力。如果没有集中精力改善肌肉质量,那么我的表现就不仅仅是随着年龄增长而下降了。我相信自己一定会日渐憔悴,最终走向死亡。

然而,当我到90多岁的时候,赛艇比赛的必要动作开始对我产生负面影响。背部问题给我造成了困扰,这也许是多年的耐力运动不可避免的结果,但真正敲响警钟的是我的心脏。在波兰参加比赛时,我出现了不规则的心脏跳动,并且感到呼吸困难。这让我感到很不舒服,并开始担忧自己的年龄。西尔维亚让我明白,有一个理智、合理的锻炼框架有多重要,她的方法给我带来了神奇的效果。我非常在意自己的恢复,甚至当再次回到赛艇比赛时感觉好多了。但是，几乎是一年后我在意大利参加比赛时，同样的问题再次出现，我意识到，也许是时候该永远放下船桨了。

我曾经有一位和我一样热爱划船的挚友。像我一样，他也在老年还坚持这项运动。他住在巴黎，是当地俱乐部活跃的一份子，有一次他独自在塞纳河上划船。我可以想象出他在水面上滑行，徜徉在自己的世界中，从桥下穿过，以独特的角度欣赏巴黎伟大建筑的景象。那是他最后一次出现。4天后，人们在水中发现了他的尸体，他是因心脏骤停去世的。虽然我确信他是在做自己热爱的事情时死去的，但他的离去还是让我深受震动。我并不愿重蹈覆辙，于是把自己的双桨赛艇捐给了俱乐部。

不再划船对我来说苦乐参半。我在这项跟随了自己一生的运动中取得了巨大成就，直至此刻。它塑造了我的青春，陪伴我走过中年，又在晚年重新成为我生活的支柱。我绝望地寻找一些能够让我继续划船的变通方法，却无法躲避现实。由于年龄，我的身体再也无法满足钟爱的这项运动的耐力要求了。

在那一天，许多人认为我一定会躲在夕阳下，回顾过往的荣誉。毫无疑问，这是我生命中一个痛苦而悲伤的时刻，但这些年来我已经积累了足够的经验，知道在每一扇门关上的时候另一扇门就会打开，明亮的光线会照进来。

到目前为止，西尔维亚已经把我视为老年运动员培训计划的长期试验品了。因为我一直在提供实验结果，而且享受我们一起度过的具有开创性的时光，尽管面对这样的挫折，她也没有让我离开的打算。她也很了解划船对我来说意味着什么，所以我们坐下来认真评估当前的情况。虽然我有着很好的体魄，但这项运动的耐力要求已经超过了我这个年纪的人的承受范围。我拥有可以划船的肌肉，但无法再长时间进行此项运动了。我深入研究这个问题，并接受了现实：耐力运动已经不适合我，我已经不能够在水上长时间划船了。然而，当了解到心脏病患者可以从高强度运动的短期爆发力中获利，我就知道自己应该立刻采取行动了。

"跑步？"我告诉西尔维亚自己的发现后，她这样问道。

"短跑，速度与激情！"我说得更具体一些。

我的推论依据是长跑运动员的典型体态。长跑运动员通常比较纤瘦，体重非常轻。而相比之下，优秀的短跑运动员则被塑造得很强壮：肌肉发达，有着宽阔的肩膀和粗壮的四肢，这些使他们能够拥有向前的爆发力。多年的经历让我明白肌肉质量是老年人的万能药，因此我非常清楚应该把精力放在什么上面。西尔维亚很清楚世界卫生组织建议老年人只进行中等强度的训练，因此在她的监督下，我认为自己发现了另一种成功应对衰老的方式。短跑对我来说完全是新体验，对一个90多岁的人来说是很罕见的，但我享受这个挑战。

因为时间是极其重要的——自从我85岁开始对抗死亡时就深知这一点——我决定直接从顶级赛事开始。虽然我从来没有参加过相关比赛，但我选择先从国家级赛事开始。

英国老将田径联合会（the British Masters Athletic Federation）是负责监督英国正式比赛项目的管理机构。我打电话询问如何申请比赛资格的时候，已经做好了他们对我的年龄表示惊讶的准备。这渐渐让我感到沮丧。仅仅因为我很老了，但不明白为什么自己无法和那些正值壮年的人一样被视为一名运动员。

电话那头的人沉默了一会儿后，对我说："那么，应该把您安排在 95 岁以上的年龄组。但这个组别中没有其他的参赛者。按照规则你恐怕无法自己参加比赛。"

对我来说这并非是不可逾越的障碍，而电话那头的人员也很快开始从我的角度考虑问题。

"我可不可以和其他组别的人一起赛跑？"我问道。

"好吧……我们可以把您安排在 70 岁以上的年龄组。"

"听起来是个好主意。"

"70 岁以上女运动员组。"

"完美！"我说道，又沟通了会儿便挂了电话。

虽然我还没有能在海滩上引人注目的身材，但那些 70 多岁的美人们一定会注意到赛道上的我。

常常有人问我，我首次在夺得世界短跑冠军之前做过什么准备。老实说，几乎没有。在瑞士，离家最近的跑道都在很远的地方，因此我不太可能去那里训练。所以大部分时间，我都在做规划和文件工作。确定了我的组别之后，我给西尔维亚和自己定了机票，在比赛前飞往英国，我们是当天到达的。

当然，我事先已经做了大量的研究。我不仅是 95 岁以上年龄组唯一的参赛者，而且据我了解，这个年龄组的人从来没有真正在英国的锦标赛上跑过全长。当我静静地站在百米户外跑道上时，我意识到如果自己能活着跑过终点线，那么将自此改写游戏规则。

我已经不太记得短跑生涯里第一次参加比赛中枪响的那一刻是怎样的了。我能回想起来的只有几位退伍女兵运动员从身旁呼啸而过，把我远远地甩在后面。这对我的男性自尊心来说的确是一次考验。我甚至不确定她们是否注意到了我的存在，更别提我的体型了！之后我再也没有和她们一起比赛过。所以我只是低着头，发挥出最好的水平。

我在 25.76 秒后穿过了终点线，创造了这个年龄组的英国纪录。当时我并没有意识到这一点，纯粹的运动使我筋疲力尽。直到人们冲过来祝贺的时候，我才知道自己创造了纪录。尤塞恩·博尔特（Usain Bolt）、林福德·克里斯蒂（Linford Christie）、卡尔·刘易斯（Carl Lewis）和其他百米赛跑冠军榜上现在有了一个新的名字。想到那就是我，让我感到无比骄傲。我的纪录比他们的多了 15 秒左右，但对于这些传奇人物来说，我的年纪足够当他们的祖父了。

不幸的是，这光荣的一刻并没有持续太久。

"根据规则，您必须是英国俱乐部的成员，才能写进纪录里。"官方人员说道。

"我是一个俱乐部的成员，"我激动地告诉他，"泰晤士赛艇俱乐部！"

"必须是田径俱乐部。"他用一种我只能形容为官方致歉的语调说道。

我知道什么时候可以挑衅，而此刻并不是合适的时机。虽然纪录不成立，但我仍然是该年龄组的英国冠军。那天晚些时候，我在 200 米赛跑中以 58.03 秒的成绩继续夺冠。西尔维亚在终点线等着我，我一调整好呼吸，就开始和她一起为自己的胜利庆祝。然而，想在纪录榜上留下名字还需要等待，而我非常清楚，在有机会展示出最佳状态之前，我是不会休息的。

13

越过终点线

距离摆脱对退休的恐惧已经 10 年了。在这段时间里，我从认为自己多余、身材走样、只是在等待死亡的低谷中走了出来，成为一个身体健康、充满活力的 95 岁老人，拥有越来越多的奖杯。我重塑自己的身体，并彻底改善了饮食习惯。我做这一切都出于自己的意愿。我只是按照自己的需要进食，享受每一顿饭，而结果就是我感到恢复了活力。

更重要的是，就在我更加相信每个人都可以做到成功应对衰老的时候，我在 90 岁的时候甚至还得到了一份工作！这对我来说无比重要。我认为自己有能力也很愿意去工作，实际上很多人退休之后发现，他们丢掉了生活中至关重要的东西。自然地，我毫不犹豫地接受了工作邀请。

在某种意义上，雇主能够注意到我，正是因为我在体育上取得的成就。凭着赛艇比赛和其他力量与灵活性比赛的获胜，我获得了"世界最强健的老年人之一"的称号。我越来越多受邀与大量听众讨论这个话题，并且享受每一个机会。顺理成章，我逐渐成了欧洲最大的连锁健身公司的代言人之一。这家公司呼吁各个年龄段的人锻炼肌肉，包括老年人在内。从很多方面都可以看出，该公司具有开创性的前景，而我在公司负责对外演讲和参加展会。我很高兴能够再次拥有工作机会，甚至发掘了过去用于发展期刊事业的、位于苏黎世的小办公室的新用途。我没有整天待在房子里，而是徒步爬山，搭乘火车，然后换乘另一列火车，再乘电车进城，然后在办公桌后研究一天与老年人有关的问题。我发现这种规律的通勤生活和目的感对提升幸福感大有帮助，所以即使劳动合同到期之后，我仍然充分利用了这间办公室做通信和文书工作。在我看来，这个通常会在退休后被抛弃的地方，现在已经成了我重要的生命支柱。

不在家或办公室的时候，我就会在西尔维亚的指导下健身，为下一次短跑比赛进行训练。这次，在参加位于伦敦东北部市郊李谷（Lee Valley）的英国老将锦标赛（the British Masters Championship）之前，我做好准备工作，加入了一个公认的田径俱乐部。在伯明翰失去世界纪录并没有让我感到沮丧和难过。对我来说，最重要的是非常享受这段经历。然而，在下一次尝试时，如果我比同一年龄组内其他人跑得都快，那么我不希望有很多繁文缛节在终点线等着。因此我加入了一个名字令人有归属感的组织：伦敦退伍军人田径俱乐部（the Veterans Athletic Club of

London）。

  我和西尔维亚第二次来英国参加英国老将锦标赛的几个月前，我开始集中精力提高自己的短跑技术。虽然之前进行的肌肉锻炼很有帮助，但我更希望把时间花在跑道练习上。想得到这样的训练资源并非易事，于是我决定为自己创造条件。

  我住在山林边的一个陡峭蜿蜒的山丘上。那里的景色优美、生活平静且环境干净，让人能够感受到大自然的宁静。所以一旦有机会，我就会穿上跑鞋缓步走到树林的边缘。在那里，我探索过几条弯曲的小路，直到发现了一条长长的峡谷。在我看来，这个地方足够我发挥出赛跑的速度了。于是我就在这里练习，虽然独自一人但环境宜人。我为自己划出一条临时起跑线，然后穿过倾斜下来的阳光到达另一端。等呼吸恢复过来后，我再重复这个过程。就这样来来回回，直到用尽最后一丝力气。然后我慢慢走回家，为自己沏一壶绿茶。每周都会有几天这样的训练，风雨无阻。有时候脚下的路面泥泞，还有些时候，路面很硬甚至结冰。练习的时候除了野生动物没有人陪着我，每次练习的时候我心里只有一个目标：在最重要的时刻要发挥出自己最好的水平。

  我从来没有想过比赛时应该更换跑鞋。这双练习时穿的跑鞋肯定有所磨损，但在不平坦的山路上穿着还是很舒服的。我跑步不需要其他什么装备，所以也没有多想，直接把这双鞋装进了包里。直到我们到达李谷，看到室内体育场的倾斜跑道时，我才开始怀疑自己的准备是否充分。在比赛之前，我的两个竞争对手和我一起绕着跑道走了一圈。我注意到这两个老家伙带了钉鞋，和运动饮料一起放在起跑线上。这是我第一次看到这么神奇的鞋子。

在此之前，我甚至不知道有钉鞋这种跑鞋。

从平日训练的宁静森林转换为体育场，周围还有喋喋不休的观众，我告诉自己不要担心鞋子的问题，把注意力放在应该做的事情上。虽然我已经 95 岁，面对过无数对手，可仍然感到紧张。于是我提醒自己，那两个穿钉鞋的运动员属于比我年轻的年龄组，和我参加的也不是同一场比赛。我只是在挑战自我，挑战老年人除了坐在养老院舒服的座椅里晒太阳之外什么也做不了的传统观念。我告诉自己，如果能改变体育场里哪怕一个人的想法，这一切就是值得的。

考察完场地后，西尔维亚对我说："祝你好运！"

当时我就在比赛区。我换上鞋子，确保眼镜紧紧挨着耳朵，做好了站上起跑线的准备。

她拍了拍我的后背，我对她说："终点见。"

从那一刻起，面对着室内体育场的人群，我感觉自己如同独自置身于林间空地一般，也因此知道自己做好了准备。为了来到这里我付出了很多努力。无论结果如何，这都将是人生历程的一部分。

最开始的半圈只留下了模糊的印象。发令员的口令似乎成了遥远的记忆，同样地还有第一个 100 米和眼前的倾斜弯道，这一刻我才回过神来，摆在我面前的是一个几乎不可能完成的任务。

"加油，查尔斯！跑！"

此刻，我双腿沉重，胸膛随着每一次呼吸起伏，但我仍然觉得氧气不足。我能做的只是把观众们越来越大声的加油声转化成力量。

我发誓，最开始的时候真的没有听到观众席的任何声音。也许我的注意力全部放在眼前的挑战上，没有注意到他们的存在。但现在我无法忽视带有我的名字的欢呼声、呐喊声和口哨声组合成的高涨的声浪。仿佛他们只注意到了这个老年人在竭尽全力地奔跑，而实际上其他两名运动员已经快要到达他们的终点了。

"加油，查尔斯！你能行的！"

我扬起下巴，下定决心不会放弃，尽管身体里的每一根纤维都在怂恿我停下。这时候我已经到达了第二个倾斜弯道，终点已经不再遥远，我用尽全力向前奔跑。跑道再次变平，但我已经快到极限了，突然，终点线出现了。就在我面前，一条白线横穿跑道，标志着这场我正在经历的折磨终于要结束了。我的视野并不宽阔，但清晰地看到站在终点线两旁的两位竞争对手。他们站在那里，双手叉腰尽力调整呼吸。

"跑，查尔斯！"

我的呼吸声和最后的脚步声彻底被喧闹声淹没了。我知道自己已经没力气了，但此刻没有什么能够阻挡我。跨过终点线时，我没有立刻意识到自己已经完成了比赛。我放慢脚步，对自己有些懊恼，因为觉得自己本可以更加努力地练习最后的冲刺，然后我停下来，手放在膝盖上。我已经筋疲力尽了，膝盖软得像黄油卷一样。虽然对结果有些失望，但我知道自己毫无保留，已经用尽全力了。每一滴能量都被我用在以最快的速度环绕跑道上。可能在我的想象中，自己就像一只瞪羚一样，但必须承认，现实是我看上去一定是一个步履蹒跚的老人。我现在能做的就是调整呼吸，希望自己不会跪倒在这些人面前。

"干得好,先生。你真了不起。"

一位竞争对手向我走过来。我抬起头,握着他的手,向他表示祝贺。另一位对手紧随其后。他看起来和我一样疲惫,但是抽回手的时候他提醒我看时间板。之前注意力全在终点线上,我完全忘记查看自己的时间。他离开后,我戴着眼镜眯眼看过去。就在我等着LED屏上的数字停下来的时候,我听见西尔维亚在喊我。我转过头,看见她激动地跳了起来。

"你做到了,查尔斯!55.48秒!这是一个世界纪录!"

我愣了一下才明白我的教练为什么如此激动。而当我回过神来,自己已经笑开了花。

"啊,那很好。"我说。西尔维亚正穿过跑道向我跑来。

"那你感觉怎么样?"挣脱她的怀抱后,她问我,"现在你是世界冠军了!"

此时人群的掌声已经消退。赛道内正在进行跳远比赛,人们的注意力已经转到下一个项目的运动员身上。这让我感到一种跳出众人视线的解脱。我可能只是用自己小小的方式创造了历史,但以后,我还会继续打破纪录。然而,此时此刻,当我为这个冠军头衔付出一切后,无论是身体还是心理上,我只想做一件事。

"我想回酒店房间。"我对西尔维亚说。

"是去庆祝吗?"她问。

"我要打个盹!"我说,我这个年龄的人,在这样光荣的一天的最后,也不会想要什么别的东西了。

第三部分

你的生活

14

重新审视镜中的自己

不幸的是,健康的身体和健美的体型在老年人身上极其罕见。尽管如此,也存在一些情况特殊的地区,比如南高加索的阿布哈兹(Abkhasia)、厄瓜多尔的比尔卡班巴(Vilcabamba)、克什米尔地区的罕萨(Hunza)和日本的冲绳(Okinawa)。生活在这些地形险恶地区的大多是农民。他们要日日劳作,会进行耐力甚至是增肌运动,吃的是天然食物,还不会退休。这些来自世界不同地区的实例证明了在晚年拥有高质量的生活是可以实现的,而在欧美国家这却被视为不同寻常,这一现象是对我们的生活方式、健康状态、社会服务和医疗体系的颠覆。

人们普遍认为,老年伴随着不可避免的残疾和严重的疾病。但我认为,真正和慢性疾病有关的并非年龄,而是退休。我希望我自己已经成了一个鲜活的证明。

　　的确，老年人也可以通过锻炼在短时间内急剧增强自己的力量、协调性、平衡能力和肌肉质量。锻炼不仅是保持身体健康的好方法，它还有助于治疗慢性疾病。虽然有大量证据支持这一点，但老年人缺乏运动还是成为造成可预防性死亡的第四位原因。同样地，对老年人来说，饮食健康也比以往更加重要。在晚年时期，蛋白质的合成减少，却没有进行相应补充。相反地，我们摄入了过量的碳水化合物，而这将导致严重的健康问题。

　　在试图以自身否认人们预期中的晚年生活的过程中，我发现，有些时候医疗界甚至不能够为人们成功应对衰老提供足够的支持。我 90 岁时开始在西尔维亚的指导下健身，当时我进行了体检，以确保身体的一切机能都正常运作。体检中心的一位医生发现我血红蛋白的水平较低，并立刻假定像我这样的老年人肯定患有贫血（anaemia）。他建议我补铁，但情况并没有好转。最后，我被送往苏黎世的专家门诊，由顶尖的血液病专家为我进行检查。在那里，最终确定我的红细胞少仅仅是因为血液要更快地流动。这被称为"运动性贫血"（sports anaemia）或"稀释性贫血"（dilutional anaemia），在运动员身上很常见。同样地，赛艇运动员和举重选手常常患有"劳累型红细胞溶解症（Exertional Haemolysis）"，通过移除衰老的红细胞以增加年轻细胞的数量。

　　当医生明白这个事实以后，他的关心立刻转变为对我的赞美与钦佩，但我认为这次的经历非常具有启发意义。事实上，医生只是不了解老年人也有能力让自己变得健康、强壮。

　　如果我能够在晚年获得这种成就，那么你也有充分的可能做到同样的事,甚至可以做得更好。很遗憾的是,人们本来有可能超越医学常识,证明老年人和其他任何人群一样,在通过健身和营养改善生活上有很大的潜力。毫无疑问,当越来越多的老年人证明此事后,医学界就会迎头赶上,这不仅对个人有益,也将造福整个社会。

正是这个信念让我重新回到了工作岗位。

运动和饮食对于成功应对衰老固然重要,但退休也与慢性疾病等健康问题有关。另一方面,有研究表明工作和健康息息相关,但到了某个特定年龄,我们却被鼓励放弃这个生活中的重要支柱。退休时,职业常常是强制性地被从生活中移除。我们几乎没有或者很少有机会在退休年龄后发挥潜能、学习一项新技能或者找到收入满意的工作。我认为这不仅不利于身体健康和财政收入,也是对人类天赋和潜能的惊人浪费。幸运的是,我能够在90岁的时候找到工作,在93岁的时候成为演说家,并在97岁时成为作家。

到头来,在促进晚年生活保持活力、继续工作方面,我们所做的努力远远不够。事实上,主要的问题是人们了解得太少。目前,几乎没有对70岁以上人群进行与身体活动、饮食或者甚至是工作对健康的影响相关的研究。虽说责任在于政府和医疗机构研究和推广力度不够,但令人震惊的事实是,80岁以上的健康个体太少了,无法进行有意义的研究。

当前,我愿意作为先锋,分享自己的经验为基础的成功应对衰老的意见和建议。我相信,这将会鼓励其他老年人去做更多的运动,并且鼓励其身边的人。让我们一起行动起来,成为有活力、有价值的社会成员,而不是像其他人认为的那样毫无生气。

因此，现在是时候把关注点从我成功应对衰老的经验转到你的行动计划上了。我和健身教练西尔维亚一起提出了一个三位一体的指南，即构成充实的晚年生活的要素是：工作、营养和运动。

当然，作为人类，我们都是独一无二的个体。因此并不存在通用的方法，但我能为你提供的是实用的信息和建议，以此为跳板，帮助你制定出适合自己的计划。对于有些人来说，可能只需要对原有的积极的生活方式做出微小的调整。其他人则可能要在镜子前长久地、艰难地审视自己，然后认识到自己需要彻底改变现在的状态。

在对生活做任何改变之前，首先要确定的事情是只有你能够做到这一点。没有人能够强迫你这样做。我只是希望，自己的个人经验可以鼓励你回顾自己的过往，问一问自己是否有可以提升的空间。

通常来说，要先弄明白你现在的状态。不论是正走向退休还是已经过上退休生活，这样的自我定位都可能会让你感到不适。但这是件好事，意味着会更想要做出积极的改变。

在任何情况下，无论想要做出什么改变，都应该把健康放在第一位。就是说，你应该事先咨询医生，然后定期体检。就算只是打算重新工作，也要确保这是适当的。最后，在追求健康和幸福的时候，应该考虑把全科医生纳入顾问团队。

所以，在鼓励你制定计划之前，我想先告诉你一个不太美好的事实。据统计，英国只有5%的人符合最低体力活动建议的标准。也就是说，如果你认为自己是一个普通人，那么你的饮食和运动习惯需要彻底进行改变。事实上，现有的生活方式可能会缩短你的寿命。更重要的是，你的生活方式也会对子孙后代产生同样的影响，如果你正在寻找一个改变的动机，那么这一点想必能让你现在就开始行动。

超重和肥胖的父母生下的孩子通常比正常体重的父母生下的孩子重一些。父母本身和他们的生活方式会对孩子产生巨大的影响。同时，祖父母也会成为孩子们效仿的对象。

那么，如果你的孙子和孙女很胖也没关系吗？当然有关系。10～15岁的超重儿童中，有80%到25岁时仍是肥胖状态。很明显，出现这个现象的原因之一是参与他们成长过程的家长的生活方式就很糟糕。

未来我们子孙后代的健康和生命正在受到威胁，这是一个我们不得不承认却不愿接受的事实。但是我们可以有所行动，造福下一代。其实，如果你改变了自己的生活方式，那不仅是让自己获得新生，还能影响子孙后代的健康。坦率地说，你的生活方式影响着他人的生活，影响着我们的未来。当意识到可以生活得更健康时，你就会发现，你并不需要付出太多就能实现这个目标。只需要更加留心运动和饮食，如果可能的话，再找到一份工作。这就是你要做的全部！

因此有必要制定几个目标，作为改变的催化剂。除了保护后代健康的愿望，你也可以从个人心愿里找到动机。你是否想让自己的孩子知道，自己仍可以穿上那件10年前的时髦服装？是否想和孙子孙女一起长途跋涉，而不拖他们后腿？只要用对方法，这些简单的目标是完全可以实现的。

关键是要改变自己的身体状态，包括改善外形、提高体能——

这不仅能让你看上去更好、自我感觉更好，还能帮助开启人生的新篇章。最后，由此还可以鼓励你发展兴趣、技能和才能，但这些在当前都还只是一个梦想。

年龄只是数字

让我们来重新评估一下自己处于生命中的哪个阶段，尤其是年龄方面。虽然我们无法越活越年轻，但变老不应该成为一件尴尬的事。我们只是在谈论自己降生于这个世界的年份，虽然对于每个人来说时间流逝的速度是相同的，但是生日蛋糕上的蜡烛数量和我们自己实际的感受常常有很大差别。

通常情况下，到了退休年龄，你就会被归入"老年人"的行列。有些人会选择提前退休，但这就意味着他们已经度过了黄金年龄，开始走下坡路了吗？这个答案不仅在自己心中，也表现在身体健康状况上。任何情况下，增强肌肉质量对身体健康来说都是必不可少的，而健身是获得良好状态的不二法门。

为了建立一个旨在确认应该如何根据年龄制定健身计划的指南，让我们从关注生活的转折点开始。对某些人来说，这个转折点可能是提前退休的年龄，可能是 55 岁之后的任何一年，但如果我的经验能够对你有所启发，那么这个转折点将是你重获新生的重要时刻。

55~64 岁：年轻的岁月

活了半个多世纪，或许在养家糊口，看着孩子们长大之后，你到了停下来休息的阶段了。或许，你觉得自己已经走了很长的路，但事实上，如果你已经准备好抓住每一次机会，那么最好的时光尚未到来。在身体健康方面，你应该注意肌肉质量的流失，也被称为老年性骨骼肌减少症，通常在 30 岁左右出现，并以每 10 年 3%~5% 的速度增长。到了 60 岁的时候，你可能已经失去了 15% 的肌肉质量。现在认识到这一点，并采取措施重塑失去的肌肉后，你的生活质量就会得到提高，哪怕在觉得自己在走下坡路时已经自我放弃。人们经常说，一辆旧车需要良好的驱动来清除发动机的积尘。在我看来，这个方法同样适用于人类。

同样值得提醒自己的是，这个年龄段自主创业的人数增长得最快，成功创业的几率也最大。据估计，美国技术创业公司的创始人，年龄在 50 岁及以上的人数是 25 岁及以下的人数的两倍。显然，经验和机会青睐年长的一代人，而这些事实也充分体现了年长者的动力和决心。因此，不要把自己和年轻人、浮夸的榜样做比较，也不要妄自菲薄。你已经拥有很多，现在正是可以发光发热的时候。

这些壮年岁月不仅仅是创办新企业的绝佳机会，而且统计数据表明，这些企业也更有可能持续下去。由 55~64 岁年龄段的人创办的公司持续经营 5 年以上的占总体的 70%，而年轻人创办的公司只有 28%。根据个人经验，我认为自己在 59 岁开始自己的期刊事业时，正是一生中最好的时候。我既能依靠牙医这份稳定的职业为生（让我学会了理解和珍惜客户），也有信心发挥出自己最好的能力。这样，我把这份工作培养成了有利润的、长期的事业。唯一的遗憾是，我在 80 多岁人生低谷的时候放弃了这项事业——把它卖掉了，但它很快便倒闭了。有时候，你的 DNA 已经嵌入了事业的灵魂之中，以至于它无法在他人手中存活。我确信如果能在那段艰难的时期坚持期刊事业，它一定能保留下来，让我直到今天都能收获到不止简单的金钱所带来的好处。在我看来，开始一份新工作就像孕育一个新生命。它会像个孩子一样成长，并拥有自己的生活，这是令人惊叹的体验。

我们在 60 岁左右的时候，常常要做出一些非常重要的决定。这也是你读这本书的原因。这些决定关乎你未来的 30 年甚至更久，它们将决定你未来的老年生活是否幸福。如果你已意识到退休带来的将是毁灭性的体验，那么现在就应该开始行动了。这意味着要思考现在从事的工作是否能够支撑你走过未来的岁月，或者这是否是一个机会，再尝试一个不同的职业或者岗位。如果发现退休生活的前景美好得令人难以抗拒（在我看来，这很大程度上是财务上不可持续的幻想），那么你必须找到一种方式来弥补工作上的能量消耗。

世界卫生组织（World Health Organization，简称 WHO）给所有成年人建议了每周活动量的最低标准。它不仅涵盖了工作时间，还包括家庭生活和空闲时间，但是很显然，如果你正从事着某项工作，那么它的活动量一定占很大比例。例如，我们认为每天通勤上班是工作必然支出的体力活动。同样地，即使是伏案久坐也不可避免地涉及大量的精神活动。这些工作还需要你经常离开座位,然后去参加会议、喝咖啡或者去洗手间。换句话说,有一定程度的活动与我们赚钱生活的需求息息相关,而这种需求也可通过对健康和幸福的影响来衡量。

在活动量方面,世界卫生组织建议所有成年人每周应该进行150分钟中等强度的体力活动,分为5个30分钟的活动版块和两天的体能训练。从65岁开始,每周的活动需求就增加到了300分钟中等强度。其将传统退休年龄纳入了考虑范围,我们也能够从中看出工作对健康的影响。我们经常谈论工作压力,这很正常,但很少注意到,拥有一份工作(以及工作所需的体力活动)实际上是有利于健康的。

如果你把退休这个概念视为是一段温和的休息时间,而且不去弥补停止工作后损失的心理和身体活动,那么其结果可能是毁灭性的。最近针对60~69岁年龄组,也就是通常认为的退休年龄的研究表明,这个年龄段的人们通常每天只进行15分钟中等到剧烈程度的体力活动,与之相对的是每天8小时以上久坐的行为方式。从总体的健康状态来看,这种生活方式很容易造成问题。这些60岁及以上的人中已经有40%每天要服用5种甚至更多的药物。

然而,亡羊补牢,为时未晚。如果你正处于这个年龄段,或者意识到自己正在迈入退休生活,能做的事情少之又少,那么现在是时候采取行动了。考虑到肌肉质量在逐步稳定减少,建议你最好在60岁之前决定好要参加的运动或训练计划。请记住,终生的高强度体育活动对于健康的老年生活至关重要。你在60~65岁做的决定将对余生有深刻影响。

65~74 岁：第二个青春期

青春期已经成为遥远的过去，但是，当 65 岁进入生活的新阶段时，你会面临又一段自我反省、不断实验、试探边界的时期，这与退休有关。你可能从在负责一个大团队的紧张环境中工作，变成了每天到信箱里取牛奶的日子。这其中落差很大，而且并不总是积极的变化，所以如果不立即采取行动，很快就会习惯退化了的生活方式。而在你意识到这一点之前，就已经到了 70 多岁，之前建立在筹谋养老金上的野心，也像你的健康一样渐渐枯萎了。

如果我们以创业付出的努力来定义这一年龄段的人，结果则是令人失望的。在这个阶段，创业公司的数量从 26% 锐减到了 7%。在我看来，这主要是中断工作导致的。不工作后，突然进入缺乏活动的时期，不仅会影响身体健康，更会影响精神健康。根据亲身经验，我知道这会对个人信心带来怎样的压力。重返工作岗位这个决定的确充满挑战，但并非绝无可能。

考虑到经济因素，同时鉴于我们的寿命延长了，你应该在退休年龄后继续工作 7 年。而考虑到健康因素，也许你应该工作更久。事实上，被允诺无需工作的乐园是一片绝望的沙漠。缺乏精神和身体刺激会损害它们。在 65 岁及以上的人群中，有 92.2% 的人患有一种或多种慢性病。遗憾且不可避免的是，这个年龄段的人接受的培训正是疾病的预防或治疗。

另一方面，这个年龄段的人有着很特殊的体质。常被鼓励了解并实践"积极衰老"这一概念，推荐耐力运动，比如北欧式健走（nordic walking）或骑单车。在塑造肌肉质量方面，虽不像中高强度锻炼或阻力训练那样有效，但你仍会发现它的益处。即使你已经失去了20%~40%的肌肉质量，只要进行适当的运动，在70岁时重塑肌肉也几乎比其他年龄段都更容易。研究表明，在这个年龄，似乎有某种遗传特质，让我们比50岁的人更容易塑造肌肉。例如，经过了22周的高强度阻力训练后，相较于接受同样训练的28~31岁的年轻人，60~71岁的男性肌肉质量和力量的增长更为显著。

想要知道其中的缘由，就要先了解肌生成抑制素（Myostatin），它是骨骼肌的负调控因子。当肌生成抑制素的基因表达的调控变高时，就会出现肌肉质量损失。研究以平均年龄为21岁和平均年龄为66岁的男性为对照组。阻力运动后，老年研究对象的肌生成抑制素水平更低，而肌肉质量的正调控因子——卵泡抑素（Follistatin）水平更高。总之，老年男性比年轻男性具有更强的肌肉生长能力。

令人遗憾的是，这个对于老年人锻炼有深刻影响的现象常常被忽视，没有被充分利用和探索。我怀疑这又是因为70岁以上的健康的研究对象数量太少，无法进行任何实质性研究！我们只能希望人们能逐渐意识到肌肉质量的损失是可以弥补的，同时，人们对肌肉减少是衰老过程的必然部分这种错误认识会有所改变。

75~84岁：成年晚期

据估计，到2050年，80岁及以上人口比例将增加四分之一。

增幅巨大，但数据显示，我们在这一年龄段活动最少，容易患病。事实上，如果没有成功应对衰老的策略，我们只是在慢慢走向衰老。

在这个年龄，激烈的活动通常会减少到每天 5~6 分钟，而久坐的行为则会增加到 9 个小时以上。他们总是盯着墙壁，或为那些步入这个年龄的人所画的、令人沮丧的图画。

此外，肌肉质量会严重损失 30%~60%，也是导致肢体功能退化或残疾的主要原因。在我看来，这个年龄段出现的肌肉质量损失过于严重，阻力或耐力训练也无法带来显著改善。由于肌肉损失过重，即使是力量训练也无法对抗此时的老年性骨骼肌减少症。总的来说，这个年龄段的治疗重点是改善有限的可动性。当然，一切都还为时未晚，但我还是要建议你尽早开始采取适当的计划塑造肌肉。

85~95 岁：宝刀未老

与之前那些年龄组一样，我们对这一年龄组的情况也知之甚少。研究人员努力想了解更多。不幸的是，想要找到足够数量的 90 多岁的健康合适的研究对象并不容易。

根据我个人观察，"中年危机"发生在 85 岁左右。一旦你进入生命的这个阶段，健康状况往往会变差，很难知道将会发生什么。即使拥有了成功度过老年的策略，未来也不见得是一片光明。在我看来，这是需要我们支持和关注的年龄组，因为恢复生活质量以及重塑独立感和幸福感永远不会太晚。

例如，2005 年对一组 90 岁养老院老人的研究表明，在 14 周的力量训练（每周进行两组器械训练）之后，研究对象取得了惊人的进步。研究对象平均减掉了 1.36 千克脂肪，增加了 1.81 千克肌肉。同时他们的腿部力量提高了 80%，上身力量提高了 40%，关节的灵活性提高了 30%。

这些训练不仅在短时间内带来了令人难以置信的身体改善，也极大地提高了他们的生活质量。此外，每年的护理成本降低了 4 万美元，这是实验所用的运动器械成本的 2.5 倍。即使是在这样的高龄，身体活动不仅有助于预防和治疗，还能节省巨额的支出。

现在，我希望你正在开始了解自己处于生命的哪个阶段。这不仅仅是问你多大年纪，毕竟年龄和能力并不总是密切相关的。我认为自己作为 90 多岁的人，在一些力量和灵活性运动中的表现还能够超过某些比我年轻 20 岁的人，这并不能归功于常用来形容我的"优良基因"。我为了获得今天这样的头脑和身体付出了艰苦的努力，只希望自己的经历能够起到激励的作用。我希望，这是度过晚年的一种积极方法。你也需要考虑一下这个事实：缺乏身心活动是导致疾病、死亡和巨额花销的主要原因之一。

无论如何，你都应该开始采取下一步的行动了。

评估健康和幸福

无论你要从哪一阶段开始或继续本节中的活动或锻炼计划，都必须在医生的密切监督下进行。

如果已经决定做出改变，那么恭喜你！从许多方面来说，你都已经克服了这个过程中最困难的部分。我发现,任何竞争性比赛,无论是在水上还是在赛道上,发令枪响起之前的那个时刻都是最令人精神紧张的。因此需要你充分了解自己这一刻的能力。它会让你获得前进的控制权和信心,而这要对身体和心理健康状态的进行彻底评估。

因此,在提高年龄和能力意识的锻炼之后,接下来要做的是回答一系列关于健康和幸福的问题。我和西尔维亚设计了这些问题,通过生活方式(同时在医生的监督下)确定你当前的健康水平,帮助制定出适当的行动计划。

你需要做的,就是坦白诚实地回答问题。

1 你的器官危险因素

编号	问题	☹️	☹	😐	🙂	😊
1	你的血压有多高? 你知道具体数值吗? (单位:mmHg)	非常高 ≥180/≥110	高 160~179/ 100~109	较高 140~159/ 90~99	正常 130~139/ 85~89	最佳状态 ≤130/≤85
2	你有以下疾病吗? 心脏病 中风 心脏手术 心律失常	多于一次	一次	轻微	几乎没有	没有
3	呼吸困难	急性	慢性	过敏性	没有	没有
4	血管疾病/静脉脆弱	非常严重	严重	中度	轻微	没有
5	1型或2型糖尿病	非常严重	严重	中度	轻微	没有
6	甲状腺功能过高/功能下降	非常严重	严重	中度	轻微	没有
7	肥胖/超重	非常严重	严重	中度	轻微	没有
8	骨质疏松	非常严重	严重	中度	轻微	没有

续表

1	你的器官危险因素					
编号	问题	☹✋	☹	😐	☺	☺💧
9	纤维肌痛	非常严重	严重	中度	轻微	没有
10	肾脏疾病	非常严重	严重	中度	轻微	没有
11	恶性肿瘤	非常严重	严重	中度	轻微	没有

© 西尔维亚·贾提克

结　果

只有 ☺/☺💧：你可以开始健身计划，或者继续正在进行的计划。

多于 7 个 😐/☺/☺💧：你可以开始健身计划，但要循序渐进。

多于 6 个 😐：你可以开始健身计划，但只能从针对初学者的开始。

多于 3 个 ☹：在开始任何健身计划之前请先咨询医生。

如果任何一个问题的答案中出现 ☹✋，请立刻去看医生。但不必惊慌。只要和医生密切配合，处理好任何潜在的健康问题就好。

2	肌肉骨骼系统					
编号	问题	☹✋	☹	😐	☺	☺💧
1	你有过背痛吗？	非常严重而且持久	严重而且非常频繁/频繁	比较严重而且经常	很少	从不
2	你有脊柱侧凸吗？	急性期	严重	轻微	没有	没有
3	你患有或曾经患有椎间盘突出症吗？	急性期	是的，经常	是的，但有一段时间了	是的，但已经痊愈了	从不
4	你有脊椎错位吗？	急性期	中度	轻微	没有	没有
5	你有舒尔曼病[①]、强直性脊柱炎、脊椎骨关节炎吗？	急性期	中度	轻微	没有	没有

第三部分　你的生活　123

续 表

2 肌肉骨骼系统						
编号	问题	☹✋	☹	😐	☺	☺👍
6	你有骨关节炎吗?	急性期	严重	中度	轻微	没有
7	你有关节炎吗?	急性期	慢性	偶尔	轻微	没有
8	你有风湿病吗?	急性期	慢性	偶尔	轻微	没有
9	你的以下部位有活动障碍和疼痛吗?	急性期	严重	中度	轻微	没有
	肩膀					
	肘部					
	前臂/手部					
	臀部					
	膝盖					
	足部					

© 西尔维亚·贾提克

结　果

只有 ☺/☺👍：你可以开始健身计划，或者继续正在进行的计划。

多于 7 个 😐/☺/☺👍：你可以开始健身计划，但要循序渐进。

多于 6 个 😐：你可以开始健身计划，但只能从针对初学者的开始。

多于 3 个 ☹：在开始任何健身计划之前请先咨询医生。

同样，如果你的答案中出现了 ☹✋，请即刻去看医生。

---

① 舒尔曼病，又名脊椎骨骺骨软骨病。

3　服药情况

编号	问题	☹✋	☹	😐	☺	☺💧
1	调节血压的药物	大剂量	中等剂量	小剂量	曾经服药现已停止	从不
2	调节循环的药物	大剂量	中等剂量	小剂量	曾经服药现已停止	从不
3	强心剂	大剂量	中等剂量	小剂量	曾经服药现已停止	从不
4	利尿剂	大剂量	中等剂量	小剂量	曾经服药现已停止	从不
5	呼吸相关药物	大剂量	中等剂量	小剂量	曾经服药现已停止	从不
6	治疗糖尿病的药物或胰岛素	大剂量	中等剂量	小剂量	曾经服药现已停止	从不
7	止痛药	大剂量	中等剂量	小剂量	曾经服药现已停止	从不
8	治疗精神疾病的药物	大剂量	中等剂量	小剂量	曾经服药现已停止	从不
9	抗凝剂	大剂量	中等剂量	小剂量	曾经服药现已停止	从不
10	其他药物	大剂量	中等剂量	小剂量	曾经服药现已停止	从不

© 西尔维亚·贾提克

结　果

只有 ☺/☺💧：你可以开始健身计划，或者继续正在进行的计划。

多于 7 个 😐/☺/☺💧：你可以开始健身计划，但要循序渐进。

多于 6 个 😐：你可以开始健身计划，但只能从针对初学者的开始。

多于 3 个 ☹：在开始任何健身计划之前请先咨询医生。

如果你的答案中出现了 ☹✋，请即刻去看医生。他们会检测任何你可能正在服用的药物。

4　综合健康和活动情况

编号	问题	☹️💢	☹️	🙂	😊	😊👍
1	你患有一种或多种慢性疾病吗？	3 种以上	2~3 种	1 种	没有	没有
2	过去几年里你经常生病吗？	4 次以上	3~4 次	1~2 次	只是感冒	没有
3	胆固醇水平	非常高	高	较高	正常	良好
4	你现在或者曾经吸烟吗？	每天 20 支以上	每天 20 支	每天几支	已经戒烟	从不
5	腰围（单位：cm）					
	女性	>98	>88	>80	80 以下	75 以下
	男性	>112	>102	>94	94 以下	89 以下
6	爬楼梯状况如何？	不能	几乎不能	很慢，很困难	没问题	轻松
7	能从椅子上站起来吗？	需要帮助	需要借助支撑力	很慢，很困难	没问题	轻松
8	只用一条腿能保持平衡吗？	不能	不能	需要帮助	可以	轻松
9	你能闭着眼睛站立 30 秒以上吗？	不能	不能	少于 30 秒	可以	30 秒以上
10	你多久进行一次 30 分钟以上的运动（步行、游泳、慢跑、骑车等）？	从不	很少	每周 1 次	每周 2~3 次	每天
11	站立 30 分钟以上是否需要休息？	非常频繁	频繁	至少 1 次	不需要	不需要
12	不借助帮助可以移动吗？	不能，我坐轮椅	不能，我需要步行器	不能，我使用手杖	可以	可以

© 西尔维亚·贾提克

结　　果

只有 🙂/😊👍：很棒，继续努力！

多于 7 个 ☺/☺👍：你正在向正确的方向迈进。继续做自己正在做的事情，并且采用更健康的生活方式。

多于 7 个 ☺：你应该开始施行活动和运动计划，只能从针对初学者的开始，旨在更健康的生活方式。

多于 3 个 ☹：是时候重新考虑你的生活方式了。试着多活动，变得更健康。

如果你的答案中出现了 ☹👋，请即刻去看医生。他们会为你检查身体，并制定出合适的计划来改善你的健康状况。

5	睡眠周期／精神状态					
编号	问题	☹👋	☹	😐	☺	☺👍
1	你的睡眠状况好吗?	只能依靠药物	很差	较差	很好	很好
2	你能睡一整夜吗?	只能依靠药物	经常起夜	起夜1~2次	不起夜	不起夜
3	你一般睡几个小时?	不足4个小时	4~5小时	6小时	7小时	7小时以上
4	你通常能在午夜之前入睡吗?	从不	很少	偶尔	总是	总是
5	你的个人环境					
	和伴侣生活在一起（婚姻关系／民事伴侣关系／生活伴侣）	非常不快乐	不快乐	我习惯了这个状态	我很满足	我很快乐
	独自生活	非常不快乐	不快乐	我习惯了这个状态	我很满足	我很快乐
6	你焦虑吗（比如说对未来）?	非常焦虑	焦虑	比较焦虑	轻微焦虑	不焦虑
7	你抑郁吗?	非常抑郁	抑郁	有时抑郁	轻微抑郁	不抑郁
8	你经常感觉无聊吗?	总是	经常	有时	偶尔	从不

第三部分　你的生活　127

续　表

5	睡眠周期／精神状态	☹😫	☹	😐	☺	☺💧
编号	问题					
9	你在记忆力方面出现过问题吗？	总是	经常	有时	偶尔	从不
10	你觉得自己的生活幸福吗？	一点都不	不幸福	经常觉得幸福	一直很幸福	一直很幸福

© 西尔维亚·贾提克

结　果

只有 ☺/☺💧：你是一个快乐、脚踏实地的人，请继续努力，保持活力！

多于6个 ☺/☺💧：你比较快乐，拥有良好的睡眠。请记住，运动和活动能够巩固生活方式的基础，帮助你成功度过晚年！

多于6个 😐：试着培养积极的生活态度。去参加团体活动，保持规律的运动。

多于3个 ☹：对于你心中的任何问题都想开点，会解决你可能正遭受的任何睡眠问题。

如果你的答案中出现了 ☹😫，请咨询医生。精神健康和身体健康一样重要，而且一样可以获得帮助。

6	饮食	☹😫	☹	😐	☺	☺💧
编号	问题					
1	你是否重视健康饮食？	我没有注意过	不重视	很少注意	经常注意	一直注意
2	你每天吃几份蔬菜和水果？	不吃	1~2份	3份	4~5份	多于5份

续表

6 饮食

编号	问题	☹✋	☹	😐	☺	☺👍
3	你吃很多甜食吗？	几乎只吃甜食	一天吃几次	经常吃（一周几次）	很少吃	从来不吃
4	你经常吃快餐吗？	几乎只吃快餐	一天吃几次	经常吃（一周几次）	很少吃	从来不吃
5	你吃很多面包吗？	几乎只吃面包	一天吃几次	经常吃（一周几次）	很少吃	从来不吃
6	你吃很多意大利面吗？	几乎只吃意大利面	一天吃几次	经常吃（一周几次）	很少吃	从来不吃
7	你经常在外面吃吗？	只在外面吃	几乎总在外面吃	经常在外面吃（一周几次）	很少在外面吃	从来不在外面吃
8	你吃饭规律吗？	不规律	不规律	经常不规律	偶尔不规律	总是很规律
9	你每天喝多少水（不加糖、不含酒精的水）？	少于0.5升	少于1升	约1升	1.5升	多于1.5升
10	你喝酒吗？	经常喝很多烈酒	喝很多烈酒	每天喝，有时喝烈酒	每天喝1~2杯红酒	从不

© 西尔维亚·贾提克

结　果

只有 ☺/☺👍：棒极了！

多于6个 ☺/☺👍：你的饮食习惯很健康。配合健身或运动计划，将会将度过一个幸福的晚年！

多于6个 ☹/😐：你应该检讨一下自己的饮食习惯了。

多于1个 ☹✋：这说明你的身体存在着健康危机。医生会帮助你制定健康的饮食计划。

现在把各个表格中的结果填入下表。最后把每个纵列相加，得出总体结果。

综合结果						
编号		☹︎	☹	☺	☺	☺
1	表格 1 的结果					
2	表格 2 的结果					
3	表格 3 的结果					
4	表格 4 的结果					
5	表格 5 的结果					
6	表格 6 的结果					
	总体结果					

© 西尔维亚·贾提克

结果评估

只有 ☺/☺：你已经走在了正确的轨道上。保持充满活力的状态，继续积极地生活，对你来说，开始健身计划没有任何风险！

多于 38 个 ☺/☺：你正在通往充满活力、非常幸福的晚年生活之路上。你的生活方式很健康。如果目前没有健身计划，那么你可以开始尝试。如果你正在进行一项健身计划，那就循序渐进，坚持下去。

多于 38 个 ☺：你应该改变自己的生活方式。更多地关注饮食，加强锻炼。你可以开始一项健身计划，但只能从针对初学者的开始。

多于 38 个 ☹：在开始任何健身计划之前，你都应该先去咨询医生或健康专家。请在专业医疗的帮助下制定一套安全地促进健康和幸福的方案。

多于1个☹：把这个结果当成是一次敲响的健康警钟吧。追求好的改变永远不会太晚，但一定要先去找医生做检查。

下一步

完成这些问卷，了解了自己的年龄阶段和能力之后，希望已经唤醒了你自我改变的愿望。无论是微小的调整还是巨大的改变，我们的生活方式都影响着未来。与此同时，我们生活的社会为每一个人准备了相同的结局——退休。但当一步步走向退休的时候，你是否有停下来怀疑过，现实真的能满足你的期待吗？

也许你已经努力工作了很多年，到了退休的时候已经攒够了退休金，期待着可以放松一下。但我不禁要问，当你厌倦了什么也不做的生活，又该怎么办呢？

像我，即使现在，也过得非常积极。这是因为我做出了改变，因此想鼓励你去做出改变。与其把老年生活过得日薄西山，倒不如把它看作新的曙光。只要通过饮食和锻炼重塑你的身体，通过工作树立目标，在过程中恢复年轻思想，你也能够获得我所得到的收获。

总而言之，我很享受自己的老年时光！我坚信自己并不是异类。对你来说，我可能看起来像是一只原始森林里的奇怪猴子。但事实上，我是再普通不过的一个人，没有服用添加剂、药物、性能增强剂或其他任何东西。对我来说，变老是一种特权，对你来说也应该如此。到了这个年纪，我已经经历过太多的事情，历史似乎总是在重演,而我胸有成竹。

即使你觉得自己已经足够健康了,我还是要敦促你一定要事先规划自己的未来。这听起来或许不合常理。与那些蹲在养老院里安享晚年时光的老人相比,我在健身房挥汗如雨的确看起来特立独行,但我就是一个活生生的例子,证明了这种生活方式带来的绝不仅仅是健美的身体。我知道有些事情你可能无法继续进行了,但是到目前为止,对我来说除了划船也还有许多未尽之事。事实上,我发现成功应对衰老是一段美好、丰富、有吸引力而且有成就感的经历,远远超过传统退休所带来的黯淡生活。因此,了解所处的生活阶段之后,让我们一起看看成功应对衰老的三个因素将如何帮助构建出一个更光明的未来。

15

为了生活工作

我敏锐地意识到,在推广晚年工作的优点上自己面临着挑战。我只是一个证明了成功应对衰老的老年人,而站在我的对立面的,是向你兜售退休就是带薪休假30年的整个社会体系。

从我的经验、统计资料研究中,我们已经看到,缺乏活动与不健康状况密切相关,而寿命的延长又使养老金模式无法实现。简单地说,情况必须有所改变,而我又深刻地了解到,自己的主张看上去就像是用大棒代替胡萝卜。然而,事实上,晚年生活中仍保持正常工作是一种解放。

在多数人职业生涯中,工作常常像是一种负担。我们是按揭贷款的奴隶,有着越来越多依靠我们生活的家庭成员,要支付账单、购买食物。但随着岁月的流逝,我们的孩子也长大了,所以我认为工作可以被赋予新的目的。在我们处于希望自己的辛苦工作能够得到报酬、过上舒服的退休生活的阶段时，这个念头只是刚刚成形。无怪乎人们期待退休的这一刻，甚至有人会早早放弃工作，过着打高尔夫、到处旅行的悠闲日子。

然而，事实上，海边度假不会占用你 30 年的时间，而坐着电动车在高尔夫球场的跑道上前行对你的健康也毫无益处。在意识到这一点之前，梦想已经变得单调乏味，而你的一切计划都会因为糟糕的健康状况而搁浅。这可能是一个极端的情况，但如果你能够及时意识到问题的核心所在，那么重返工作的前景期许就会变得振奋人心。

在就业方面，你能做什么这个问题并不是容易回答，因为这在很大程度上取决于个人的健康、身体和经济状况。我认为这三点密不可分，因为工作不仅会带来稳定收入，同时也会占用你的时间，并让你保持良好的体形（如果附加一份塑造肌肉的健身计划）。通常来说，问题是逐步回到工作岗位，还是建立一个完全由你掌控的企业。

之后，需要考虑的是工作性质对你是否有吸引力。再一次说明，每个人对这个问题的看法都不相同。你可能曾经是企业的 CEO，不想再回到之前承担很大责任和压力的工作环境了，当然可以。或者你想重新捡起手头工作也没什么不可以，也许退休后的选择能让你童年的梦想成真。如我们所见，老一辈人常常最有事业心。即使已经过了 50 岁，把你的知识财富和丰富经验应用到创业中去也绝对不晚。但也不代表这件事情会很容易。创业的要求很高，它可能需要你开拓新的人脉和机会，并占用大量的时间和精力。处在人生的这个阶段，当一天中最开心的时刻变成在午后看电视问答节目时，对你来说，创业是一个多好的机会啊！我们要接受自己这一生中可能会做许多不同的工作这件事。这不仅能够使我们视自己为有用的人，还能通过继续对社会做出宝贵的贡献让我们感到更加快乐。更重要的是，工作可以带来机会……

从个人的角度来看，我发现已经成功应对衰老的人也需要指导，这并非有意为之。事实上，自从80多岁时意识到退休带来的坏处，以及晚年生活与塑造肌肉之间能够产生联系的可能性后，我从未如此忙碌！结束了健身房大使的工作后，我继续在世界各地参加讲座、进行演讲。经常有媒体来采访，而我也总是抓住机会在电台、电视和网络上分享并讨论个人观点。我曾在美国录制一个榨汁机的电视购物广告，也在TED上做过演讲，点击率高达50万次。我认为工作是丰富、有趣而又刺激的。工作永远不会是负担，而是一种快乐，它所带来的好处绝不仅仅只有经济回报。

因此，我想鼓励大家从根本上改变退休后对工作的态度。工作不是痛苦之源，它带来的不仅仅是救济金和提高收入这么简单。即使对养老金很满意，也很庆幸退休前购买的养老保险，你还是应该想一想，从年轻一代那里拿走的东西将会给他们带来的压力。这可能看上去并不多，但如果每个人都有所行动，那么整个社会都会从中受益。

其中潜能可能是无限的。简而言之，退休不是游戏结束而是新的开始。但从哪里开始完全取决于你自己。

16

为了生活摄取营养

事实上，我们生活在一个食物供给多于需求的时代。通过节食或者改善营养，就有机会更健康地生活，这对于晚年生活来说同样适用。关于这一点，我想强调的是，适当饮食这一概念取决于个体、健康状况、生活方式和每天的运动量等因素。事实上，所有的变量都会对结果产生影响，因此让专业的医生审核你的饮食习惯非常重要。只有他们才能够对你是否需要改变给出明智的意见，并且把你的健康放在第一位。

从个人角度来看，当需要改善饮食（例如为了减肥）的时候，我会从写下这样做的理由开始。然后问自己，现在是否是做出这些改变的最佳时机。在开始前一周的时间内，我会写下自己每天的饮食日记和锻炼日记。这有助于找出问题所在，以及我最想改变的是什么。最后，我就能够确定自己是用正确的心态看待这一切的。动机非常重要，因此多花些时间去确定你真正想要实现的目标是绝对值得的。

一开始，从现实出发，我会选择在饮食方面做出两或三个能做到的小改变。接下来，再制定一个目标明确、具有可操作性的行动计划。当我觉得自己成功了，就会继续做出更多的改变，或者强化已经实施的改变。我给自己制定的目标都很明确，但不仅都与我的体重有关，腰围减小使我患上 2 型糖尿病和高血压等疾病的风险也降低了。

当然，我没有忘记增加运动量，而且西尔维亚也不会允许我忘记！每天做更多运动不仅能够帮助燃烧更多的热量，也能使我感到忙碌和满足。在强健体魄方面，一个具体的健身计划需要特定的营养补充。例如，耐力训练需要更多的碳水化合物，包括糖原储备，而塑造肌肉则需要蛋白质含量丰富的饮食，包含蛋白质补充物和特定氨基酸，特别是对于老年人。

并没有规定你可以吃什么和不可以吃什么。我认为，你应该留心自己所吃的一切食物，无论从食物带来的享受还是受益于其提供的效果。在追求平衡的过程中，食物应该是日常生活中能够让你愉悦的部分，同时不影响健康。因此，我认为，一份均衡的饮食中应该包括以下食物：

- 面包、土豆和其他谷物；
- 水果和蔬菜；
- 肉、鱼、鸡蛋和其他替代品，如豆类和坚果；

- 乳制品；
- 健康的脂肪，如单不饱和脂肪酸（MUFAs），存在于坚果、橄榄和牛油果中，而鱼类中则富含 ω-3 脂肪酸。

仔细考虑你的饮食，希望你在咨询过医生以后，为晚年生活播下改变的种子，它可能会以某种方式改善糟糕的情况——不仅是为了你自己，更是为了整个社会。

我的晚年饮食

日常饮食中，没有哪一样食物能够包含想要保持健康所需的全部营养。因此，每天吃多种食物是我的黄金法则。健康饮食并不意味着不能吃喜欢的食物，而是某些食物要少吃几次或少吃一些，吃的食物种类多一些。

通常情况下，我会用一顿健康的早餐开启一天的生活。我发现这样做更容易控制体重。接下来的一天中，我会规律、均衡地进食。白天，我争取在计划好的时间点吃饭，先每天至少吃 5 份新鲜的水果和蔬菜。事实上，我会在每顿饭中分散着吃，而且只吃半盘蔬菜水果，再吃半盘肉类、鱼类、蛋类或豆类和碳水化合物，比如土豆或米饭。我会选择低糖的食物和饮料，并且尽量不吃零食。

非常重要的是，我的大脑需要时间意识到胃部是否已经满了。因此等待 5~10 分钟，再决定是否还要吃东西。我会留心观察自己的饭量，尤其是外出就餐的时候，并避免在吃饭的同时做别的事情。在工作、阅读或看电视的时候吃饭意味着你可能吃得更多了，却没有注意到。相反地，我会很慢地吃饭，认真品尝吃进去的食物。

同时，我会少吃含盐的食物。盐对健康至关重要，但吃得太多会增加患高血压和中风的风险。我会检查食品上的标签，比如加工肉类、咸味小吃、饼干、奶酪、培根、汤和熟食，我们所吃的盐，大部分就来自这些食物。因此，要记住，进食之前一定要三思。也许有人会惊讶地发现，我并没有严格地避免吃富含动物或植物脂肪的食物。然而我是最近才知道这一点的，在晚年营养方面的最新科学研究我始终保持热情，密切关注饮食，并以基于陆续的发现为依据进行改进。

至于如何解决那些同龄人遇到的饮食问题，我发现麦麸可以用做预防便秘的优先手段。首先，我要确保自己的饮食中有足够的全麦谷物和水果。大量饮水也有帮助，而身体活动则有助于保持肠道蠕动！自从我开始在饮食中加入亚麻籽，消化状况已经可称为完美了。

对我来说保持水分和明确健康饮食同样重要。首先，水能够缓解便秘，而且还能有效地让我们保持活力！我通常每天要喝6~8杯，但不仅限于水。我喜欢喝绿茶，但你也能选择咖啡、果汁或汽水，这些都可以。天气炎热的时候、运动或训练之后多喝水尤其重要。

加强锻炼的时候，我总会在训练结束后喝一杯蛋白奶昔饮品。它由乳清和氨基酸组成，包括用于蛋白质合成的亮氨酸。训练后饮用的奶昔会在30分钟内被消耗掉，因为碳水化合物对于抑制蛋白质分解和恢复能量非常重要。

同样值得注意的是,除非晚上要外出,否则通常情况下我是不喝酒的。即使在外面,我也只喝一杯香槟(其他的都不喝)。我一直在试图控制自己的酒精摄入量。酒精的热量很高,而且会分散注意力。

最后,我想强调的是,在追求抵抗衰老的道路上,饮食依然是我生命中极大的乐趣。我不觉得规划的饮食方式剥夺了自己享受美味的权利,相反我从健康的饮食中找到了快乐,而积极的生活和体育锻炼又让我获得了健康。下面是我的一日食谱,供你参考:

早餐

两根香蕉、一颗葡萄柚。
桃子、菠萝或猕猴桃,根据季节和获得的难易程度进行选择。
加水和牛奶的麦片粥。
我还会吃一片 ω-3 胶囊和维生素 D,以及一份乳清蛋白饮料。

午餐

烟熏鲭鱼或蔬菜饮料。
我也可能吃奶酪——提尔锡特淡奶酪或卡门培尔奶酪是我的最爱。如果做了很多力量训练,就会吃得更多。

晚餐

　　肉和两种蔬菜,加黄豆或扁豆。黄豆和扁豆都是营养价值极高的植物蛋白。

　　没有甜点。

　　基本上,这就是我的日常饮食。我在训练时也不会有太大的改变(除了阻力训练后为了补充碳水化合物储备会吃一碗意大利面),但是对我有用的东西可能并不适合你。此外,西尔维亚和我还在不断探索新的饮食计划和不同的训练计划。我认为它应该是灵活的,而且只简单针对饮食设定,这样我就能尽我所能地过好每一天。

17

为了生活运动

从小时候起，我们就被鼓励多运动。我们生活在一个充斥着肥胖的时代，所以任何能让人离开沙发的事情都是好事。与此同时，让我感到震惊的是，当我们到达一定的年纪后，情况就发生了变化——退休以后，人们就被认为应该放慢速度。目标不再是剧烈运动或高强度锻炼，而是待在泳池浅水区跟着音乐轻轻摇摆，或者只是享受一下新鲜的空气，好像这样做我们就能神奇地恢复活力一样。

现在，任何形式的体力活动在我看来都是好事，而且我清楚地知道根据健康情况，我们每个人的能力也都不同。但我认为，让老年人觉得自己没有权利做剧烈的运动是整个社会的损失。举例来说，你听说过针对 80 岁以上人群的健身计划吗？这在一些人看来可能很奇怪，但是我们在让年轻人更健康这件事上投注了如此多的关注，却任老年人日渐憔悴。

因此，西尔维亚和我一直专注于为 70 岁以上的人制定和完善健身计划，我们相信自己做的事是独特的。但为什么只有我们在做这件事？显然，为获得相关结果而进行研究投资应该是卫生部门和政府的责任。一个 90 多岁的老年人和他 60 多岁的健身教练能起到的作用与要做的事相比简直微不足道，但如果你把我所做的事看作是一项未竟的事业，那么结果还是很有意义的。

根据我的经验，任何种类的体育锻炼的目的都应该是保持和增强力量、耐力、灵活性和平衡性。力量在塑造肌肉时非常重要，也是对抗老年性骨骼肌减少症的关键。耐力有助于长时间步行、游泳和修剪草坪，力量可以帮助购物拎包或者远离座椅，灵活性让你可以弯腰、爬进汽车、洗头和穿衣服，平衡性有助于自信地走路和爬楼梯，从座位上站起来，以及在被绊倒时快速做出反应。把这些结合起来，我们才能掌控自己的生活。

还应该强调的是，运动是一个广义的概念，而我们常常没有意识到自己正在做运动！事实上，它包含在工作场所的一切活动，含通勤、特定的锻炼或运动项目。当然，退休后工作可能不再是其中的一部分。对于老年人来说，退休减少了活动的机会，这让你也更有理由考虑自己的日常活动量。

如果你比较健康，没有什么限制活动能力的问题，建议你每周做 2.5 个小时中等强度的有氧活动，包括快步走、在平地上骑车或推剪草机。尽量不要太依赖日常活动，如购物和做家务，因为这些活动不像专项锻炼那样能够有效加快心率。如果你的运动

第三部分　你的生活

量已经达到上述程度，那么可以每周进行75分钟的剧烈活动，比如跑步、快速骑自行车、爬楼梯、打网球或跳舞，来促进身体健康。

保持适当水平的活动是成功应对衰老的基础，同时肌肉质量至关重要——不仅是在体力方面。通过肌肉的运动、使用和行动，会在细胞内产生信使物质，从而促进包括睾酮（"青春"激素）等激素的产生。事实上，运动可以对大脑产生深远且积极的影响，它甚至与预防或延迟认知功能丧失和神经退行性疾病有关。从我的经验来看，只要遵循一份明智的肌肉塑造计划，老年人也可以重返青春。

增强肌肉力量的锻炼包括举重（含负重活动，如购物）、仰卧起坐、跳舞、重型园艺和瑜伽。你的肌肉没有生物钟。事实上，无论你锻炼与否，肌肉每15年都会完全更新一次，但这并不意味着它们很强壮。我们需要通过锻炼和保持积极的生活方式来帮助肌肉生长。

西尔维亚和我发现，特定的训练计划加上良好的饮食习惯，年龄很大的人也能塑造肌肉。对于这一类人来说，疾病和身体退化是十分常见的，因此任何计划都应该经过大量的诊断性检查，并不断进行重新评估。然而，我们已经证明，在短得惊人的时间里，过去认为无法达到的健康标准现在能够实现了。制定一份适合你的训练计划既能让生活丰富起来，也能提高生活质量。在形成一个安全、合理的塑造肌肉计划的过程中，你会发现从心血管健康到耐力、精力、力量，再到灵活性、机能、速度、协调性、平衡性和敏捷度等都会有所改善。

在考虑这种转变对你以后的生活会有什么影响时，我们必须认识到，到了晚年，运动不再是生活方式的一个可选项。在我看来，不管是从个人层面还是从整个社会层面来说，它都是必选项。

了解运动

体力活动能够带来健康的体魄。这是事实，希波克拉底（Hippocrates，约公元前460—前377年）曾说："所有的功能性身体部位，在受到体力活动的刺激时，都能够发育良好，保持健康，并以更慢的速度衰老！"然而，需要重点提及的是，体力活动和体育锻炼不是一回事。体力活动多种多样，比如工作相关的活动、家务以及休闲相关的活动，都是为了特定目的而进行的。你可能不得不准时开始工作，在访客到达前收拾好房间或是在公园里和孙子孙女享受清晨时光。体育运动则不同，它的目的是促进健康。

为了塑造良好形体，我们要进行重复性的运动，即不间断地重复同一个动作，这被称为"一组运动"。例如，两组15次蹲起意味着2×15次重复动作，每组之间短暂休息。通常，休息时间大概是10次呼吸所需的时间（最多30秒）。

分组进行的重复动作被设计为超阈值活动，使你接近自己能力和体力的极限。重复次数、阻力、运动类型和运动速度都会影响结果。通过这种锻炼，身体会与功能性适应进行反应。最终，你会获得身体和心理状态的改善。因而要正确地进行健身计划和训练单元里的任何运动，并试图增加重复的次数或强度。就是说通过增加重力、阻力、运动范围或不间断重复次数能够提高运动的困难程度。你也可以减慢运动速度，这会给肌肉带来更多压力，或者在支撑身体的那只脚下放一个垫子，增加平衡难度。

此外，通过增加运动的重复次数或强度，你会发现身体素质得到了显著改善。虽然增加重复次数能够提高耐力，而提高强度能够增强力量，但对健康来说真正重要的是总能量的消耗。即体力活动的总和，包括运动量和日常活动量。

制定所需的体力活动和体育锻炼的总量很大程度上取决于个人因素，由此我们在后文列出的锻炼建议是具有普遍性的。应该说，在任何情况下，频繁的体力活动或运动对获得与健康相关的益处都是必要的。训练的结果取决于遗传因素，以及锻炼的时间、频率和持续时间。还要在健身计划中根据运动的类型设定休息和恢复的时间，这不仅能够减少受伤的机会，还为肌肉生长和巩固提供保障。一些健美运动员确信这个过程发生在夜间，舒舒服服躺地在床上就能获得好身材，听上去是很不错，但没有科学依据能够证明这一点。因此，除非有其他研究证明这一点，不然你应该把锻炼期间的休整时间视为恢复身体的机会，而不是寄希望于晚上躺在床上。

最后，必须要强调的是，为晚年生活制定的任何体育锻炼计划，都应该和医生协力制定。医生对你的健康和能力有着清晰的认识，并且会为你提供建议，帮助制定出一份永远把健康放在第一位的明智计划。

那么，有了医生的帮助后，下一个问题是：你应该去哪里进行锻炼呢？

健身房的问题和解决方案

尽管健身房作为公共空间越来越受欢迎，但我总觉得为了让老年人能适应环境，它还需要做出更多的调整。任何人第一次进健身房的时候都会心生恐惧，如果你觉得自己是健身房里最老的人，那么这会尤其困难，而且未来20年甚至更久都是如此。

另外，研究表明，老年人喜欢和同龄人以团队的形式锻炼身体。如果健身行业能够认识到这一点，那么他们将会发掘一个巨大的、尚未开发的市场。在某些情况下，比如日本，70岁以上的人在办理会员时会受到限制，或者仅为老年人办理闲时会员卡。在理想情况下，为了和老年人进行沟通，通过实际案例指导他们，健身教练也应该是同一年龄段的。除了提供合适的运动计划并监督实施之外，健身教练们还能为私人医生提供评估结果，结合可衡量的结果，在健康和幸福两方面提供全部支持。如果按照这样的模式发展下去，我相信健身房会为疾病史、治疗和医疗计划做出一定贡献。

通过运动治疗疾病的确受到医疗界越来越多的关注，但我认为他们和健身房、健康俱乐部的合作还有很大的发展空间。未来希望我们能够看到健身行业和医疗行业的所有部门之间得以密切合作。但事实上，很多健身房只把重点放在帮助客户改善形体而不是整体健康上。尽管医疗界认可运动的预防和治疗效果，正如我们在物理疗法中常见的那样，但我认为健身行业还没有准备好迎接这个挑战。虽说很少量的运动就可以产生惊人的效果，但这并不足以说服医生把健身房运动视为改善健康的可行方法。

由于运动治疗是一个长期过程，因此，可以理解医疗界对健身行业的怀疑态度。毕竟，医生们遵循循证医学，期待合作伙伴能够提供循证医学的治疗方法。在我看来，健身行业所声称的能够明显改善健康的服务没有足够的统计数据和实例支持。数字是一回事，但我们只需看看会员的表现，就能够发现健身行业并没有呈现出应有的效果。大多数注册成为健身房会员的人完全不使用会员卡或者提前结束健身。据说有30%的人会在4个月后离开，有半数以上的人会在一年之内离开。当然，人们离开的原因很复杂，但根本原因是他们的健康没有得到明显的改善。健身中心的客户大多在33~55岁，这个年龄段的人不像已经退休的老年人那样缺少日常活动的能量消耗。缺乏活动的老年人的肌肉塑造更为复杂，但目前除了健身中心，他们几乎别无选择。

医疗界和健身行业想要协调一致还有很长一段路。同时，鼓励老年人运动的学术支持几乎没有。很少有具有相关大学学位的人在健身房工作，例如体育或保健科学的本科生和硕士研究生，这就是为什么我认自己的教练西尔维亚是独一无二的。她拥有体育和健康管理方面的学术背景，在培训客户方面也有丰富的实践经验。如果健身行业想要永久地成为一股真正力量，那就应该以西尔维亚为优秀榜样进行效仿。

我认为，在理想状态下，健身教练应该有经认证的医学知识和技能，能够治疗某些小病。这可能还有很长的路要走，但所有的进步都是从一个想法开始的！事实上，几乎所有65岁以上的人都患有一种或多种慢性疾病。我只是希望，有一天健身行业能够与医疗界和学术界密切合作，为所有人提供成功应对衰老的方法。

体育运动不是年轻人的专属。它既是疾病的预防措施,也是健康生活的关键,应该属于每一个人,因而我鼓励你走进离自己最近的那家健身房,看看它提供什么服务。如果你感到紧张,或是在这样一个新的、不熟悉的环境里感觉不自在,那就带一个朋友同去。健身房的人员通常都会尽力帮助和支持你。只要你愿意去询问,一切都会迎刃而解。坦率地说,如果有更多人表示感兴趣,那么到了适当的时候,整个行业都会变得更积极地适应我们的需求。

如果你正在考虑去健身房锻炼,并且获得了医生的支持,那么建议你在健身教练的指导下健身。这会让你感到安心,而且有信心自己正在用正确的方法获得想要的结果。加入一个小型组织也可以获得社会福利,并减少花销。有时,为了实现目标,你可能会被建议对健身计划做出微小的改变和调整,其中会包括适当放松。当你开始获得一些进步时常常会想要不管不顾地加大力度锻炼,但无论何时,专业的意见总是值得采纳的,这样才能避免受伤,获得长期进步。请注意,健身计划的大部分都能根据一些重要支持制定,但只有你自己才能把想要的转化为现实。

所以,我建议你从 60 岁开始每周进行两次阻力训练。当然应该在经验丰富的教练以及医生的监督下改善整个身体的健康状况。如果你每周的训练组数较少,就有可能无法获得想要的效果,而每周训练太多会给身体带来压力,增加受伤风险,不利于身体的改善。

随着年龄增长(特别是 70 岁以上),我建议把休息阶段纳入你的健身计划之中。休息是为了让你的身体从强体力运动中获得短暂间歇,比如蒸气浴、桑拿、按摩或放松练习。事实上,这是一个让你能奖励自己所有努力的机会。

耐力训练不一定非要在健身房进行。重点是能找到安全运动,甚至享受运动的地方。你想选择哪种运动作为耐力训练完全取决于你自己。所有的动态训练形式比如步行、慢跑、游泳、划船、远足或骑自行车都很合适,而且应该重复进行。在获得医生许可且身体状况良好的情况下,我建议每次做重复运动 4 组,每组 15 分钟以上,或者 3 组,每组 20 分钟以上,也可以不间断地做 2 组,每次 30 分钟以上。理想的耐力训练计划应该包括 6 组 30 分钟以上的运动、3 组 60 分钟以上的运动,或 3 组 45 分钟以上的运动。还要记住,每周两次的肌肉力量训练是基础,这比耐力训练更为重要。

在医生的允许下,你可以根据自己的年龄调整,按照下表掌控训练强度:

年龄	脉搏
60~70 岁	128~112 脉搏 / 分钟
70~80 岁	120~100 脉搏 / 分钟
80 岁以上	112~95 脉搏 / 分钟

在家运动

尽管相信保健行业能够进一步支持老年人,但我还是支持你加入健身房,与专业的健身教练一起健身。然而,还有很多项目是可以在家完成的。不管是因为健康原因不能出远门，亦或仅仅是因为更愿意在自己家锻炼，家里的环境也可以提供锻炼的条件。在开始运动之前，请确保你已经得到了医生的允许。以下是一些常用技巧，让你在家里也能充分锻炼身体：

- 首先，用简单的方法把更多的运动融入日常生活中。例如，不妨站起来接听电话，把车停得离目的地远一点，或者提前一站下车。

- 一次上两级台阶，如果可以的话，不要去扶楼梯的扶手。这能够拉长你的步伐，减小你对借助于手臂力量上楼梯的依赖。

- 下楼梯的时候试着不要太用力握楼梯扶手，或者干脆不扶。你会发现自己的平衡性和协调性会逐渐提高。

- 注意体态。把背挺直，想象自己正在齐步走。摆动双臂，大步向前走。这样做有助于活动臀部，对日常行走、坐立至关重要。

- 如果可能的话，把散步加入每日活动中。如果还没有这样做过，不妨邀请你的家人或朋友一起散步。通过逐渐增加步行距离和速度，燃烧更多的热量。

- 当坐在你最喜欢的扶手椅上时，用手臂做支撑从椅子上站起来，然后再坐下，通过这种方式可以锻炼手臂力量。重复 5 次之后休息一下，然后再重复进行。这个方法能够缓慢、舒适地塑造上半身肌群。

- 你有孙子或孙女吗？如果有，就带他们去公园散步吧。即使跟不上他们，你也会很自然地加快步伐。

- 如果每天醒得很早，为什么不来个元气满满的晨间散步而非要躺在床上呢？你甚至可以考虑拿两根滑雪杖，尝试北欧式健走。

- 健康不仅仅是指身体层面,也要保持精神健康。每天在纸上做填字游戏,或者数独和脑筋急转弯。任何能刺激思维的活动都有帮助,哪怕是编织或建模这样的爱好。确保你每天都会做一会儿。不要整天坐着看电视!去学点新东西。

- 保持创造力。做一些不同的事,挑战你的大脑。你可以选择画画、写作,或者开展一项新事业。了解现代技术和发展的最新情况。加入一个体育俱乐部,即使是作为社会人员。多和不同年龄的人接触。

- 虚荣并不可耻!你应该为自己看上去很时髦的外表感到自豪。化妆或者刮胡子,做一个发型然后穿上好看的衣服。请记住,你很漂亮!

- 我建议男士们不要系腰带,而是使用背带,这样可以避免肺的下半部分受到挤压。挤压会导致呼吸表浅,尤其是对于年纪大的人,这会引起心律失常。

- 在你准备冲刺好赶上公共汽车、火车或电车的时候,记得穿上运动鞋。短跑能够大大提高你的健康水平。

- 如果你的身体不错,但每次在电脑或电视机前一坐就是几个小时的话,试着打破这个坏习惯,起来活动活动。你可以在花园或街道上精神满满地散步。

基本练习

西尔维亚制定了一份基础计划,为老年人的整个身体提供均衡且理想的训练,无论是在健身房还是在家运动都适用。在器械方面,你可以使用日常的家具,如椅子或沙发扶手。如果你行动困难,那么就无需走很远去增加肌肉的力量和灵活性了。我们还发现,装满水的饮料瓶可以有效地代替哑铃。你可以根据需求选择任何体积为 0.3~2 升的水瓶。最后，分享一个小窍门，在瓶身上缠几条松紧带，以提供额外的抓力。

基本上，本书提到的一系列运动都是为了提高力量和灵活性。你可以选择符合需求的运动，或者循序渐进、逐渐进步，直到你能一次性完成所有的运动。总体来说，这会给身体带来积极的影响，尤其是那些很少锻炼和不定期锻炼的人。当然，不是每个人都能以最佳的状态成功应对衰老。健康固然很重要，但这并不意味着超越极限。我想再强调一次，医生（或者负责健康的专业医疗人士，如果正在接受治疗的话）会为你推荐合适的身体活动。即使你认为自己身体状况良好，在开始进行任何以下建议的运动之前务必先检查身体。

蹲起

- 坐在椅子上，双臂伸直，双脚平行。如果你身体条件很好，不妨握住一个装满水（0.5~1.5 升）的瓶子。
- 站起来，将背部挺直，双臂依然在前保持伸直状态。
- 再次坐下。

尝试不间断地重复至少 12 次相同动作，然后逐渐把重复次数增加到 25 次。

弓步

- 用一把椅子支撑自己，一只脚放在垫子上，另一条腿向后伸展，脚尖着地。
- 把骨盆压向椅子，收腹挺胸，肩膀放低。

- 现在向后的那条腿靠近地面并伸展。上半身保持不动！

尝试每条腿重复以上动作 12 次，中间不休息，然后把重复次数增加到 25 次。

俯卧撑

- 跪下来，双手撑地，两手分开与肩同宽。保持后背挺直，收腹。
- 弯曲手臂向下，直到离地面 10 厘米。确保背部没有弯曲！
- 再次伸直手臂。

重复动作 3×5、3×10、2×15 或 2×20 次。

腹部运动和协调

- 双腿屈曲躺在地上，双脚着地，手臂放在两边。
- 一条腿伸向空中，同时，双手触及膝盖和脚之间的部位。
- 现在将腿放回地面，换另一条腿做相同的动作。

每条腿重复 5 次，逐渐增加到 25 次。

肱三头肌练习

- 坐在椅子上。
- 用手握住水瓶，保持手臂伸直向上越过头顶。
- 现在屈曲手臂，从脑后放下水瓶。保持肘关节靠在一起，处于头部高度。
- 然后抬高手臂，回到起始位置。

从握空瓶开始，重复 10 次，逐渐增加至 25 次。然后，增加阻力（依次使用 0.3 升、0.5 升、1 升和 2 升的装满水的瓶子）。

拉伸

- 坐下，双腿前伸。
- 举起手臂，使肩膀和骨盆保持在一条线上。
- 现在，试着把手臂向上伸展。保持这个姿势 10 秒钟。
- 10 秒钟后，尝试触摸脚趾，并保持这个姿势 10 秒钟。

重复 3 或 5 次。

心脏耐力练习

- 制定一条可在 30 分钟内走完的路线。
- 沿这条路线，每周快走两次。至于要走多快，保持在一个仍然可以与朋友进行交谈的速度——如果你愿意的话能够唱歌的速度也可以！理想情况下，你不会喘不过气来。注意你的呼吸：规律地进行呼吸，用鼻子吸气，然后用嘴呼气。

记得要记录每次走完这条路线所用的时间。

- 制定一条 60 分钟的路线。
- 沿着这条路线，每周快走两次。速度与 30 分钟路线的训练方法相同即可。

为了增添趣味，可以进行一些间歇性训练。比如以正常速度步行 15 分钟，然后快走 5 分钟，这样重复 3 次。记得要记录每次走完这条路线所用的时间。

日常练习

我喜欢在家看电视或者在电脑上工作的时候做这些运动。它们不会占用太多精力，而且会让我感觉自己不仅仅是坐着，而是同时在做一些有意义的事情。轻松地进行这些练习，不要让自己过于紧张，当你觉得喘不过气时，立刻停下来，请不要再强行尝试，反倒弄巧成拙。

从根本上来说，这些运动的设计是为了融入你的日常生活中，所以没有必要专门留出时间。你所做的任何活动，从站在桌边喝茶到站在壁炉前，都是"定制"的日常练习，因此这些活动也都有益于健康。

椅子上的练习

- 坐直。
- 握住椅子的两侧。
- 交替抬起双脚，然后放下。
- 保持一个舒适的节奏。

持续 30 秒。

摆臂练习

- 坐直，不要靠在椅背上。
- 两脚放在地上，分开和膝盖同宽。
- 肘部屈曲，从肩部摆动双臂。
- 保持一个舒适的节奏。

持续 30 秒。

肩部画圈练习

- 坐直，手臂放在身体两侧。
- 抬高双肩到耳朵高度，向后，然后向下。

缓慢地重复 5 次。

踝关节放松练习

- 坐直，不要靠在椅背上。
- 握住椅子的两侧。
- 一脚以脚跟着地，然后抬起脚跟，直至脚趾着地。

每条腿重复 5 次。

脊柱弯曲练习

- 坐直，双脚放在地面上。
- 将右手放在左侧膝盖上，将左手放在身后的椅背上或者椅子的一侧。
- 坐直，然后在控制下，转动上半身，头朝向左侧手臂。
- 换另一侧重复相同的动作。

重复 5 次。

胸部拉伸

- 坐直，后背不要靠在椅背上。
- 双臂伸向身后，握住椅背。

- 把胸部压向前和向上,直到感到胸部伸展开。

保持 8 秒钟。

大腿后侧拉伸

- 臀部前移,坐在椅子的前半部分上。
- 将右脚平放在地上,然后用脚跟着地,向前伸直左腿。
- 将双手放在右侧大腿上,然后坐直。
- 向前和向上倾斜,直到感到左大腿后侧得到了拉伸。保持 8 秒,然后换另一条腿重复相同的动作。

小腿拉伸

- 站在椅后,握住椅背。
- 一条腿向后退,检查两脚脚尖是否朝前。
- 现在,将向后的那只脚的脚跟压向地面,直至感到小腿得到了拉伸。

保持 8 秒,然后换另一条腿重复相同的动作。

腕力加强练习

- 折叠 / 卷起一条毛巾或一条紧身裤。
- 用双手握住它,用力挤压,然后把肘部靠近身体拧紧它。
- 慢数 5 个数——大声数出来,以确保你没有屏住呼吸。

重复 8 次。

起立坐下交替练习

- 坐直，坐在椅子靠前的部位上。
- 把双脚放在膝盖稍后的地方。
- 轻微地向前倾斜。
- 站起来，如果有需要的话，就用双手按在椅子上作为支撑。慢慢松开手。
- 向后退，直到腿碰到椅子，然后站直，屈曲膝盖，慢慢坐回椅子上。重复10次。

上背部增肌练习

- 手掌朝上握住拉力带，手腕伸直、固定。
- 两分开，然后一手将绷带拉向臀部，把肩胛骨挤在一起。
- 慢数5个数——大声数出来以保持呼吸。然后放松。

重复6次。

大腿增肌练习

- 将拉力带放在一只脚的脚掌下。
- 坐直，将膝盖抬高一点儿，然后用手握住拉力带往臀部靠拢。
- 现在用脚对抗拉力带的阻力向下推，伸直膝盖。
- 慢数5个数（大声数出来以保持呼吸）。
- 屈曲膝盖并放松手臂。

重复6次，然后换腿。

墙壁俯卧撑

- 与墙壁保持一臂的距离站立。
- 将双手放在墙上,高度与胸部平齐,手指朝上。
- 后背挺直,收腹,屈曲肘部,缓慢将身体靠近墙壁。
- 回到起始位置。

重复 8 次。

以下练习有助于锻炼平衡感。

侧踏步练习

- 扶着椅子站直。
- 左右迈步。
- 如果你有信心,可以尝试只用一只手扶椅子。
- 持续 30 秒。

现在尝试向侧面和后面迈步,持续 30 秒。

抬高脚跟

- 扶着稳固的桌子、椅子甚至是水槽站直。
- 踮起脚尖,把身体的重量放在大脚趾和第二个脚趾上。
- 保持 1 秒钟。
- 慢慢把脚跟放回地面。

重复 10 次。

抬起脚趾

- 扶着稳固的桌子、椅子甚至是水槽站直。
- 抬起脚趾，把身体的重量放在脚跟上，注意臀部不要向外突出。
- 保持 1 秒钟。
- 慢慢把脚趾放回地面。

重复 10 次。

原地踏步

- 站在椅子的一侧，一只手扶住椅子。
- 站直。
- 原地踏步，自由地挥动手臂。
- 持续踏步 30 秒。
- 慢慢转身，换另一只手重复动作。

重复 3 次。

摆腿

- 在椅子的一侧站直，一只手扶住椅子。
- 控制腿向前和向后摆到最远。

重复 10 次。慢慢转身，换另一条腿重复动作。

高级练习

别搞错了，高级不等于困难。这只是你掌握了基础练习后的提升而已。但实际上，这是一系列简单但更为严格的运动，旨在练习特定的肌肉群，促进核心稳定性。在这里，为了健康着想，你首先要在医生那里做检查，然后在私人教练的指导下进行这些运动的练习。这是为了对你的身体和健康负责，让你找到一种兼顾安全性和助益性的方法。

蹲起

使用的肌肉

动态：大腿正面和背面的肌肉、臀大肌。

静态：所有外展肌和躯干肌。

原因

蹲起训练整个腿部的肌肉组织，对整个下半身都有作用。这是一个复杂的运动，要用到膝关节和髋关节。这个动作对于老年人来说很常见，也很重要，练习蹲起能够增强步行的安全性。

大深蹲

使用的肌肉

动态：大腿正面和背面的肌肉、臀大肌。

静态：躯干肌。

原因

这项运动训练整个腿部的肌肉组织和臀部的伸展肌。保持躯干稳定非常重要，同样需要固定位于前面支撑身体的腿。身体不稳定的情况下，要额外注意正确的姿势和肌肉紧张度。

训练臀部的伸展肌对老年人益处无穷。这些肌肉群在衰老过程中萎缩得尤其明显，主要原因就是缺乏对肌肉的使用，因此关注这一区域的肌肉非常重要。

用一条腿支撑体重站在坐垫上也可以训练平衡感、协调肌肉组织。这也是一项复杂的运动，需要用到膝关节和髋关节。如前所述，这项运动对老年人来说很自然，也很重要，因为通过这项运动，你能够重获并改善步行的安全性和平衡性。安全起见，你可以扶着椅子靠背。

俯卧撑

使用的肌肉

动态：胸大肌、三角肌正面部分、肱三头肌。

静态：斜方肌、腹部肌肉。

原因

俯卧撑是训练胸部肌肉组织最有效的运动之一。同样，这是一项复杂的运动，需要活动肩关节、肘关节和躯干肌，尤其是腹部肌肉的适当固定。

如果你刚刚开始这项运动，也可以先膝盖着地进行，而进阶者则可以伸直腿做俯卧撑。而只有在重复动作正确之后，才应该继续，两腿并拢重复练习。

腹部运动和协调

使用的肌肉

腹直肌、腹外斜肌和腹内斜肌、腹横肌。

原因

加强躯干肌的力量以稳定躯干。经过良好训练的腹部肌肉能够缓解脊柱压力，形成更好的体态。

这项运动还能按摩身体器官，改善肠道活动。

腿部的交替伸展和屈曲，以及上半身对腿部的引导作用，都能够改善协调性。这项锻炼可以分正向和反向进行。

按压肱三头肌

使用的肌肉

动态：肱三头肌。

静态：肩部肌肉、背部展肌、腹部肌肉。

原因

单独训练肱三头肌。这项练习通过越过头顶的运动，对协调性提出挑战，提高身体的稳定性。手臂肌肉的力量对老年人的日常生活（离开椅子、起床等）无比重要。

拉伸

使用的肌肉

臀大肌和腰背肌。

原因

由于必须沿着身体的主轴线进行运动，因此这项运动对灵活性的练习举足轻重。该动作起始于臀部，要求背部挺直，并拉伸大腿后部肌群和背部肌群的肌肉。

活力晚年

为了让肌肉时刻保持灵活、机敏，任何你正在进行的训练计划都必须不断调整以维持有效性。因此，每隔 4~5 周我都会彻底地重新制定健身计划。这不仅会产生新的挑战，而且也影响着我的日常生活，让我不断进步！但多亏有教练西尔维亚的帮助。可以这样说，我就是一个活生生的实验，而她不断让实验获得好的结果。事实上，我从未见过其他哪个教练能够给出如此严格的测试和检查标准，我只能说这是奇迹。

下面的表格旨在提供一个案例，让你了解我在西尔维亚的指导下进行的训练类型，以及我从中获得的能力提升。这是从我的日记中节选出来的，记录的是我在一次比赛前的 6 周计划内一个 9 天训练表。毫无疑问，这个表格说明了我的教练是如何谨慎地指导、监督我，以及我自己能支配的时间有多少，可以帮助印证我认为晚年生活应该忙碌充实的观点。

日期	训练类型	内容	每日目标
周一	健身	在体能器械或装有测力计（用于测量运动中消耗的能量）的室内划船器上进行耐力训练。保持脉搏为每分钟 110 次，运动 40 分钟。 仰卧起坐和腹部力量练习。	粉碎 1 型戊二酸血症
周二	水上运动	划船 60 分钟。脉搏不超过每分钟 125 次。	粉碎 1 型戊二酸血症 注意技巧
周三	户外运动	跑步或快走 30 分钟。 2 组，每组 15 分钟，中间休息 30 分钟。	耐力和摄氧量
周四	健身	力量训练。 平衡性和灵活性训练。	能量、平衡性和敏捷度
周五		休息日！	恢复！

第三部分　你的生活

续表

日期	训练类型	内容	每日目标
周六	水上运动	60分钟间歇练习。保持脉搏每分钟100次训练10分钟；5分钟高强度训练，保持脉搏每分钟最多142次；脉搏每分钟100次训练15分钟；3分钟高强度训练，保持脉搏每分钟最多142次；脉搏每分钟100次训练10分钟；2分钟高强度训练，保持脉搏每分钟最多142次；脉搏恢复到每分钟100次训练15分钟。	间歇练习
周日	水上运动	脉搏每分钟120次训练10分钟；脉搏每分钟125次训练30分钟；脉搏每分钟120次训练20分钟。	粉碎2型戊二酸血症
周一	其他	舞蹈练习	敏捷度和耐力
周二	与上周相同		

© 西尔维亚·贾提克

如果你能意识到这份日程表是我90多岁的时候使用的，那你就完全没理由不能做到类似的事情！这可能看上去是一份高强度的训练计划，但我已经按照这份日程表练习一段时间了。在刚开始的时候，我的训练计划没有这么严格，这份日程表是循序渐进的结果。

日程表设计的初衷是可以让你改变自己的身体，它也是可以被大幅修改的。相同体重且健康的20岁和80岁的人，他们的身体构成是不同的，后者50%的肌肉质量已经变成了脂肪。通过去除脂肪，重塑肌肉，80岁的人也能获得与其年轻时几乎一样的身体构成。

健康、健身和未来

对老年人易患疾病的研究本身就是一个行业。但是，研究的进度并不总能如我们所愿。还需要更多地了解严重的健康问题，比如阿尔茨海默病和其他形式的痴呆，以及癌症等疾病。

我依旧在寻找答案，并且尽我所能帮助那些在探索和发现之路上进行研究的人。我热切地关注互联网，尽力阅读，尝试和发现能够给世界各地数百万人带来希望的新事物。

在我看来，把运动作为任何与年龄有关疾病预防措施的一部分都是值得鼓励的。这不仅是因为健身能够促进和保持身体健康。在2001—2002年至2011—2012年的10年间，英国的医疗保健费用翻了一番还多，达到1214亿英镑。衰老可能是很多疾病形成的主要原因，而随着寿命延长，及强制性的经济原因使我们需要在晚年保持身体健康。

遗憾的是，许多医生将昂贵处方药物作为抵御疾病的第一道防线，而健身行业似乎没有准备好抓住这个对于所有相关人员都有利的机会。当然，教练必须接受必要的培训，运动治疗必须由健康保险来承担，但这都不是不可逾越的障碍，而是需要各个部门一起合作实现。

在一些国家，医生可以出售他们开出处方的药物，甚至牙科医生也可以在治疗结束后立即给患者开止痛药和抗炎药，这些都写在账单上。

据说在某些情况下，医疗专业人士可以从制药公司那里获得巨大折扣，而这个经济来源能够占据他们30%的收入。那么，如果英国的医生为病人开出健身中心的运动处方，能否也给医生折扣呢？当然，这只是一个想法，但是面对这个健康危机，至关重要的是，我们要开始广开思路，创造性地思考可行的解决方案。

18

未来是光明的

上文依次分析了工作、营养和运动的可能性和实用性。如果你专注于这三部分，并形成了自己的生活方式，那么可以预见的是，未来的一切美好愿景都在向你招手。当然，这不仅仅是说要保持形体健美、身体健康和生活充实。从多方面来看，成功应对衰老指的是你对生活和机会的态度。因此，下面这些通用的贴士和小技巧能够确保你在未来的岁月获得快乐和满足。

保护牙齿

生活最大的乐趣之一就是享受食物，但至关重要的是我们要保持牙齿和牙龈处于良好的状态。同时，如果你戴义齿，要确保合适。我们可以每天用含氟牙膏刷两次牙，并定期去进行牙科检查，来保持牙齿和牙龈健康。即使你有全口义齿，定期检查仍然是必要的，由于你的口腔形状会随着时间的推移而变化，因此可能每 5 年就要换新的义齿。

戒　　烟

大多数人都知道吸烟是不健康的，但是因为他们喜欢，所以很难戒掉。好消息是，决定戒烟的老年吸烟人士比年轻人更容易成功。

即使你吸烟多年，戒烟也是值得的。戒烟对老年人有很多好处，而有些好处是立竿见影的——呼吸会变得更容易，总体感觉会更好，任何现有的心肺问题都不会再恶化，不容易患中风，手术后会恢复得更快，而且寿命更长。然而，第一步是最重要也是最难克服的：说服自己做一个不吸烟的人。

强健骨骼

基因会在很大程度上影响你的骨骼健康，而生活方式也会对其产生影响。你可以通过规律的承重运动（用双腿和双脚支撑体重的运动，比如步行、慢跑和打网球）和富含钙质的健康饮食——比如脱脂乳制品——来强健骨骼。

老年人容易缺乏对强健骨骼有重要作用的维生素 D。随着年龄的增长，骨骼会变得越来越脆弱，每个人都会在衰老的过程中出现一定程度的骨质流失。骨质疏松症指的是骨质流失使骨骼变得十分脆弱。骨质疏松常常发生在脊椎、手腕和臀部的骨骼。也就是说，跌倒的时候你会更容易骨折，如果在脊柱部位发生骨质流失，还会出现慢性疼痛。

维持长久健康

感觉良好不仅是指身体健康，心理健康也同样重要。我认为这两者是紧密相关的。

从经验来说，工作和运动能让我一直对自己和自己的生活状态感到乐观。我们都能从个人追求、兴趣爱好和挑战中获得快乐，而且我觉得没有理由让我们因为年龄而被迫放弃这些快乐。当然，我们可能需要相应调整自己的生活方式，但拥有这些快乐对幸福至关重要。毫无疑问，赛艇给了我探索其他道路的自由，也使我对健身和短跑产生了兴趣。

需要注意的是，抑郁症常常与晚年伴随的孤独感有关。但这不是毫无头绪的，培养兴趣或运动习惯是重要的治疗策略。最重要的是，毫不犹豫地去看医生吧，他们会为你推荐适当的治疗方法。毕竟，在他们来看，你的心理健康和身体健康同样重要。

提高参与感

如果你的家人和朋友就住在自己附近，那么你应该尝试经常和他们见面，或者邀请他们到家里做客。另外，定期通电话也有助于你们保持亲密。互联网带来了更多保持联系的机会，比如发电子邮件和视频电话。知道有人关心着自己，会给你的未来带来良好的积极作用。互联网还让你有机会走出封闭，拓宽视野。

19

我们的未来就在现在……

我希望在这本书的最后,你会觉得新的生活已经徐徐展开。可能是观念的转变,也可能是彻底重塑自己的愿望。如果读毕能让你感到充满活力、力量和灵感,那么倘使每个人在他们的晚年都能读到这本书,采纳一条小建议,并应用到日常生活中,会发生什么呢?

最终,我们都会拥有某种形式或状态的未来。如何拥抱未来,如何充分利用未来带来的机会,取决于我们自己。我们应该一起实现这个目标,然后在晚年的时候改变整个社会看待晚年生活的方式。这不仅让你受益,也是为子孙后代造福。看上去似乎是一个理想,但实际上,如果你的儿子或者女儿,以及他们的孩子能够看到成功应对衰老对你的积极影响,那么他们也会尊重你的努力。坦白地说，你的生活方式也会影响他人。你就是先驱者，开辟一条智慧且明朗的道路，其他人也会跟随你的脚步。

等待着我们的机会值得去挖掘，但同样需要意识到我们在应对衰老方面存在严重问题并有待解决。退休导致的巨额养老金负债威胁着国家金融体系。在我看来，它也引发了广泛的慢性疾病。要相信自己有重塑身体和心灵的潜力，而且如果每个人都能有所转变，那么我们就能让子孙后代的未来有所不同。

我是少数的几个亲身经历老年时光并且把它写出来的作者之一。无论是日渐衰老的灵魂，还是拥有我无法想象的力量的新身体，我都知道其中的滋味。自从我专注于塑造肌肉，又受益于更加强大的免疫系统，这7年里我只得过两次感冒。这样看来，我认为自己的健康程度简直令人难以想象。在这个转变的过程中，身体与心灵一样充满活力，并且拥有很强的适应性。我们可以在生命的任何时段重塑和重建身体，微调其内在的运作。只要你愿意，我们也可以获得新生，促使对自己以及所爱的人和所生活的世界都有益的新事物产生。这些都不是奇迹。当然了，首先要树立努力工作和提倡促进健康的生活方式的意识，而我享受其中的每一刻。

从现在开始，我打算继续致力于推广成功应对衰老的好处。毕竟，你也是正在衰老，而且还会继续变老的人，而我只是碰巧在你之前经历了这段旅程！达到良好状态后，我迫不及待地想要告诉每个人，未来将会是一个奇妙的所在。

获奖情况

俱乐部：伦敦退伍军人田径俱乐部

14个冠军：两个世界锦标赛冠军，3个欧洲锦标赛冠军，7个英国锦标赛冠军，两个欧洲老将赛冠军

两个世界排名第一

2014年（八月）

英国，伯明翰：

100米95岁以上年龄组英国冠军

200米95岁以上年龄组英国冠军

2015年

伦敦，李谷：

室内60米95岁以上年龄组英国冠军（英国纪录）

室内 200 米 95 岁以上年龄组英国冠军（世界纪录）

波兰，托伦：

室内 60 米 95 岁以上年龄组欧洲冠军（打破了自己的英国纪录）

室内 200 米 95 岁以上年龄组欧洲冠军（打破了自己的世界纪录）

英国，伯明翰：

100 米 95 岁以上年龄组英国冠军（英国纪录）

200 米 95 岁以上年龄组英国冠军（英国纪录）

法国，里昂：

100 米 95 岁以上年龄组世界冠军（打破了自己的英国纪录）

200 米 95 岁以上年龄组世界冠军（打破了自己的英国纪录）

法国，尼斯：

100 米 95 岁以上年龄组欧洲老将赛冠军

400 米 95 岁以上年龄组欧洲老将赛冠军（世界纪录）

2016 年

伦敦，李谷：

室内 60 米 95 岁以上年龄组英国冠军

意大利，安科纳：

室内 60 米 95 岁以上年龄组欧洲冠军（受伤）

致 谢

在此要感谢大卫·塔什（David Tarsh），是他鼓励我尝试写一本书；感谢保罗·鲍德温（Paul Baldwin），他使我对自己的想法有所了解；感谢卡米拉·谢斯塔波尔（Camilla Shestopal）为我找到值得我感谢的出版社，令我感到十分惊喜。

感谢马特·怀曼（Matt Whyman），他非凡的创造力为我生命中的故事以及我对于如何改变生活的看法赋予了更多意义。

还要感谢的是教我使用电脑的加布里埃拉·罗施（Gabriela Roesch），没有他，我也无法著成这本书。

此外，我深深地感谢我的教练西尔维亚·贾提克，不仅因为她为我在晚年重塑了身体，更在于，如果没有她对我的训练和她那绝对乐观的态度，我的许多运动成就（和我的生命）是不可能存在的。

以上提到的这些都不足以掩盖高龄带来的关注与支持，对此我非常感激。

最后，我要感谢伦敦皇家医学会图书馆服务处（Library Services of the Royal Society of Medicine）的支持与协作。

写作丰富了我的生活。

查尔斯·尤格斯特

出版后记

人们常说人老了就不爱动了，也不喜欢思考了，大脑似乎只能接收并输出简单的交流信号。而老年人，似乎也适应了社会给他们贴的标签。然而，总有些人是例外的——查尔斯·尤格斯特年过九旬，既睿智又强健，不仅从身心上力求自我提升，还关注社会上的老年人群体，希望以自身的力量带动整个社会群体的改变。相信未来社会会出现越来越多像查尔斯这样可爱又令人敬佩的老年人！

年龄并没有太多含义，也不该被强行贴上所谓"符合"该年龄段的标签。大树的年轮越多越密说明木材越好，人不也应该如此吗？但愿我们年老之时受人尊敬不是因为年龄，而是缘于自身带给社会的贡献。

看过本书，不禁觉得现在所做的任何事都会影响到未来逐渐走向衰老的我们，是该有所行动，还是任其发展，到老了才后悔莫及？看过本书，相信你一定会重燃改变自我的信心，就让我们跟随查尔斯一起，让余生变得丰富多彩！

服务热线：133-6631-2326　188-1142-1266
服务信箱：reader@hinabook.com

后浪出版公司
2017 年 7 月

图书在版编目（CIP）数据

年龄只是数字 /（英）查尔斯·尤格斯特著；郭在宁译. -- 南昌：江西人民出版社，2017.12
ISBN 978-7-210-09765-5

Ⅰ. ①年… Ⅱ. ①查… ②郭… Ⅲ. ①查尔斯·尤格斯特—自传 Ⅳ. ① K835.615.47

中国版本图书馆 CIP 数据核字 (2017) 第 232050 号

AGE IS JUST A NUMBER by Charles Eugster
Copyright © Charles Eugster 2017
Charts copyright © Sylvia Gattiker 2017
This edition is arranged with Peters, Fraser & Dunlop Ltd.
Translation copyright © 2017, by Ginkgo (Beijing) Book Co., Ltd.
All rights reserved.

本书简体中文版由银杏树下（北京）图书有限责任公司出版
版权登记号：14-2017-0390

年龄只是数字

作者：[英] 查尔斯·尤格斯特　　译者：郭在宁
责任编辑：冯雪松　胡小丽　特约编辑：李婉莹　张冰子　筹划出版：银杏树下
出版统筹：吴兴元　营销推广：ONEBOOK　装帧制造：墨白空间
出版发行：江西人民出版社　印制：北京京都六环印刷厂
889 毫米 ×1194 毫米　1/32　6 印张　字数 129 千字
2017 年 12 月第 1 版　2017 年 12 月第 1 次印刷
ISBN 978-7-210-09765-5
定价：36.00 元
赣版权登字 -01-2017-732

后浪出版咨询（北京）有限责任公司 常年法律顾问：北京大成律师事务所
周天晖 copyright@hinabook.com
未经许可，不得以任何方式复制或抄袭本书部分或全部内容
版权所有，侵权必究
如有质量问题，请寄回印厂调换。联系电话：010-64010019